개정 7차 교과서와 함께하는

초등학교 문학수업
이렇게 해요

| **1** 학년 |

| 1학년 | 개정 7차 교과서와 함께하는
**초등학교 문학수업
이렇게 해요**

초판 1쇄 인쇄 | 2010년 8월 16일
초판 1쇄 발행 | 2010년 8월 30일
지은이 | 신헌재 & 아동문학을 소중히 여기는 모임
펴낸이 | 정봉선
기획 | 박찬익
편집 | 김민정
발행처 | **정인출판사**   주소 | 서울시 성동구 도선동14 신한넥스텔 1506호 (우 : 133-714)
문의전화 | 02) 922-1334   팩스 | 02) 925-1334
홈페이지 | www.junginbook.com   블로그 | blog.naver.com/junginbook
등록 | 제303-1999-000058호
ISBN | 978-89-94273-14-3   (64370)

ⓒ 신헌재 & 아동문학을 소중히 여기는 모임, 2010
저작권법에 의해 보호받는 저작물이므로 무단 전재와 복제를 금합니다.

이 도서의 국립중앙도서관 출판시도서목록(CIP)은 e-CIP 홈페이지(http://www.nl.go.kr/ecip)에서
이용하실 수 있습니다. (CIP제어번호: CIP2010002675)

개정 7차 교과서와 함께하는

초등학교 문학수업 이렇게 해요

| 1 학년 |

신헌재 외

정인출판사

머리말

　　　　　　　　　　아동문학 작품으로 우리 아이들의 마음을 울리고 생각을 일깨울 수 있다면, 그래서 어려서부터 평생독자의 버릇을 들이게 할 수 있다면 얼마나 좋을까!

　저는 이런 기대와 소망을 가지고 초등학교에 근무하는 한국교원대 출신 제자들과 함께 2006년도부터 〈아동문학을 소중히 여기는 모임〉을 가져왔습니다. 우리 제자들은 자기 반어린이들에게 읽힐 만한 아동문학 작품을 골라 아침자습시간이나 수업시간에 감상시키고 그 반응을 정리해서 서로 돌아가며 발표하고 토론하는 자리를 저와 함께 가져왔던 것입니다. 그러면서 우리는 반어린이들이 작품에 빠져드는 귀여운 모습을 보는 즐거움과 함께 문학 작품의 감상방법에 따른 교육적 효과를 가늠하는 안목을 조금씩 늘려가는 보람도 함께 나눌 수 있었습니다.

　그러다가 제가 2007개정 교육과정에 따른 초등학교 새 국어교과서를 개발하는 책임을 맡게 되면서 하나의 문제의식을 갖게 되었지요. 다름 아니라 아무리 좋은 작품과 참신한 생각으로 멋진 교과서를 만들어보려 해도 규격화된 국정 교과서의 체제와 개발 검토 과정으로 인한 한계가 있다는 점입니다. 그리고 이를 보완할 교사용지도서도 한정된 지면과 틀에 매여 만들다보니 충분한 결과에 이르지 못하였다는 점입니다. 그래서 교사용지도서를 보조하면서 우리 초등학교 선생님들이 좀더 알차고 멋진 국어수업을 하도록 도와 줄만한 또 다른 도우미 책이 있었으면 하는 바람을 갖게 된 것입니다. 이 책은 바로 이런 문제의식과 필요성에 대하여 공감한 우리 〈아동문학을 소중히 여기는 모임〉 회원들과 함께 협동해서 이루어낸 결과물입니다.

　이 책은 우선 2007년에 개정한 1학년 듣기·말하기, 읽기, 쓰기 교과서의 단원들 중 문학단원만을 대상으로 삼아서 다음과 같은 점에 초점을 두어 만들었습니다.

　첫째, 저희들은 창의적인 문학수업을 위해 교과서에 제시된 활동을 재구성하되 매 차시마다

동기유발, 수업활동, 정리활동, 심화활동의 단계별로 상술했습니다.

둘째, 각 단원의 이해학습과 적용학습을 다음과 같은 차이를 두어 기술했습니다. 이해학습 차시에는 교과서 활동을 보조하되 지식이나 방법을 좀더 상세하게 안내할 수 있는 활동들을 두었고, 적용학습 차시에는 교과서에 제시된 활동을 재구성하거나 보완할 수 있는 새로운 활동을 추가하여 좀더 다채롭고 생기 있는 문학 수업이 되도록 하였습니다. 그리고 말미에 심화활동을 두어 문학 작품에 대한 보다 깊이 있는 이해와 감상을 돕고자 하였습니다.

셋째, 참고자료에는 단원 및 차시 학습 운영에 도움을 줄 수 있는 수업 원리나 방법을 안내하였고, 교과서 작품과 함께 읽으면 도움이 될 만한 관련 작품도 소개하였습니다.

넷째, 어린이들이 문학 작품을 이해하고 감상하는 즐거운 과정과 활동 결과물을 사진으로 담아 수업활동에 대한 이해를 돕고자 하였습니다.

다섯째, 각 차시 수업활동에 활용한 학습 활동지는 별도의 부록 자료로 담아 문학 수업에 곧바로 쓸 수 있도록 하였습니다.

이런 관점을 토대로 만든 이 책을 통해 우리나라 초등 국어를 담당할 선생님들이 교과서 속의 다양한 문학 작품을 좀더 쉽게 가르치고 어린이들이 문학 작품을 보다 알차고 재미있게 배울 수 있기를 바랍니다. 그래서 우리 어린이들이 모두 평생 독자로서의 기틀을 다지는 계기가 된다면 저와 우리 공동저자들에게 매우 큰 기쁨과 보람이 될 것입니다.

2010. 8.
공동 저자 대표 신헌재

차 례

1학기 4단원 _ 아, 재미있구나!

듣기·말하기	_ 1차시	이야기를 듣고, 어떤 인물이 나오는지 알아보기	16
	_ 2차시	인물의 모습을 상상하는 방법 알아보기	20
	_ 3~4차시	이야기를 듣고, 인물의 모습 상상하여 보기	26
읽기	_ 1차시	시를 읽고, 반복되는 말이 주는 느낌 알기	36
	_ 2~3차시	반복되는 말의 재미를 살려 시 읽기	42
	_ 4차시	글과 그림을 관련지으며 그림 동화 읽기	48
	_ 5~6차시	글과 그림을 관련지으며 그림 동화 읽기	58

1학기 6단원 _ 느낌이 솔솔

듣기·말하기	_ 1차시	여러 가지 흉내 내는 말을 알아보기	70
	_ 2차시	흉내 내는 말의 종류를 알아보기	76
	_ 3차시	노래를 듣고, 흉내 내는 말을 찾아 다른 말로 바꾸어 보기	82
	_ 4차시	흉내 내는 말을 찾아 가사를 바꾸어 불러 보기	88
읽기	_ 1차시	옛이야기가 무엇인지 알아보기	98
	_ 2~3차시	어떤 일이 일어났는지 생각하며 옛이야기 읽어 보기	102
	_ 4차시	옛이야기를 읽고, 재미있는 장면 찾기	106
	_ 5~6차시	옛이야기를 읽고, 재미있는 장면 말하기	110
쓰기	_ 1차시	내 느낌을 재미있는 말로 나타내기	118
	_ 2차시	시를 읽고, 어떤 느낌이 드는지 말하기	122
	_ 3~4차시	내 느낌을 그림이나 글로 나타내기	126

2학기 1단원 _ 즐거운 마음으로

듣기·말하기	_ 1차시	일이 일어난 차례에 따라 이야기를 정리하며 좋은 점 알아보기	134
	_ 2차시	일이 일어난 차례를 나타내는 말 알아보기	138
	_ 3~4차시 (1)	일이 일어난 차례를 생각하며 이야기를 듣고 내용 간추리기	144
	_ 3~4차시 (2)	일이 일어난 차례를 생각하며 이야기를 듣고 내용 간추리기	150
읽기	_ 1차시	시를 읽고, 흉내 내는 말이 주는 느낌 알기	160
	_ 2~3차시	시를 읽고, 생각과 느낌 말하기	164
	_ 4차시	이야기를 읽고, 인물의 마음 알기	170
	_ 5~6차시	그림 동화를 읽고, 인물에 대한 생각과 느낌 말하기	174

2학기 7단원 _ 상상의 날개를 펴고

듣기·말하기	_ 1차시	이야기에 나오는 인물의 모습을 상상하는 방법 알기	184
	_ 2차시	인물의 모습을 상상하여 몸짓으로 표현하기	190
	_ 3~4차시	인물의 모습을 상상하여 여러 가지 모습으로 표현하기	196
읽기	_ 1차시	시를 읽고, 재미있는 장면 떠올리기	206
	_ 2~3차시	시를 읽고, 떠오르는 장면 말하기	212
	_ 4차시	이야기를 읽고, 재미있는 내용 말하여 보기	216
	_ 5~6차시	이야기를 읽고, 재미있는 내용을 여러 가지 방법으로 표현하기	222
쓰기	_ 1차시	시를 읽고, 재미있는 내용이나 표현 찾기	232
	_ 2차시	시 바꾸어 쓰기	236
	_ 3~4차시	이야기를 읽고, 상상하여 그림이나 글로 표현하기	240

◆ 부록 : 학습 활동지 ◆

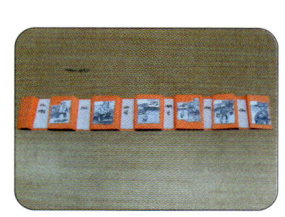

이렇게 활용하세요

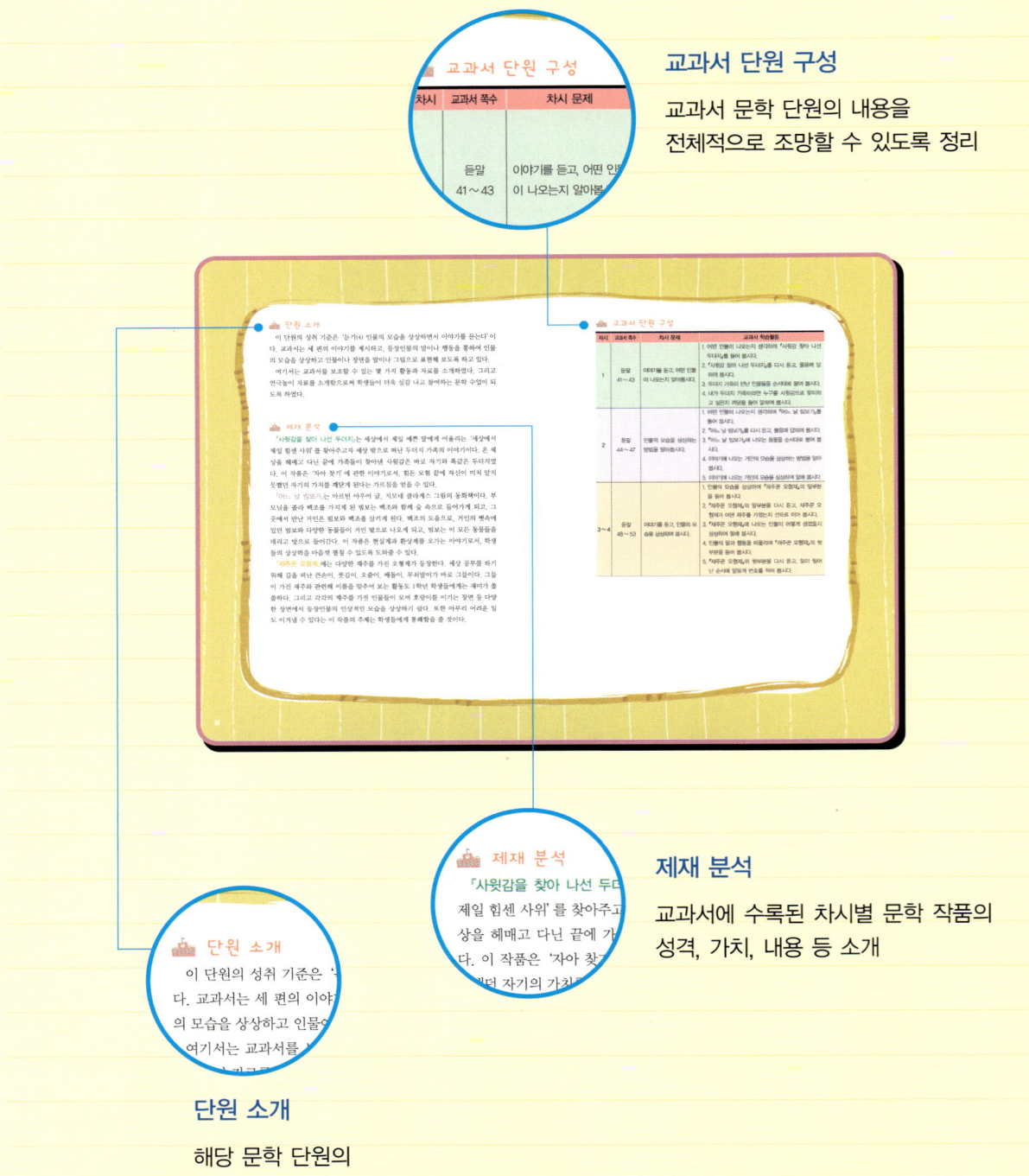

교과서 단원 구성

교과서 문학 단원의 내용을 전체적으로 조망할 수 있도록 정리

제재 분석

교과서에 수록된 차시별 문학 작품의 성격, 가치, 내용 등 소개

단원 소개

해당 문학 단원의 수업 자료 개발 방향과 그에 따른 수업활동을 안내

차시 정보
차시, 교과서 쪽수, 수록 작품 제목 명시

수업활동
문학수업을 위한 다양한 활동을 동기유발, 학습문제, 학습활동, 정리의 순서로 제시

※ 모든 활동을 적용할 경우 학습량이 많고 수업 시간이 부족할 수 있으므로, 수업 설계, 학습 여건 등에 따라 선택적으로 사용하세요!

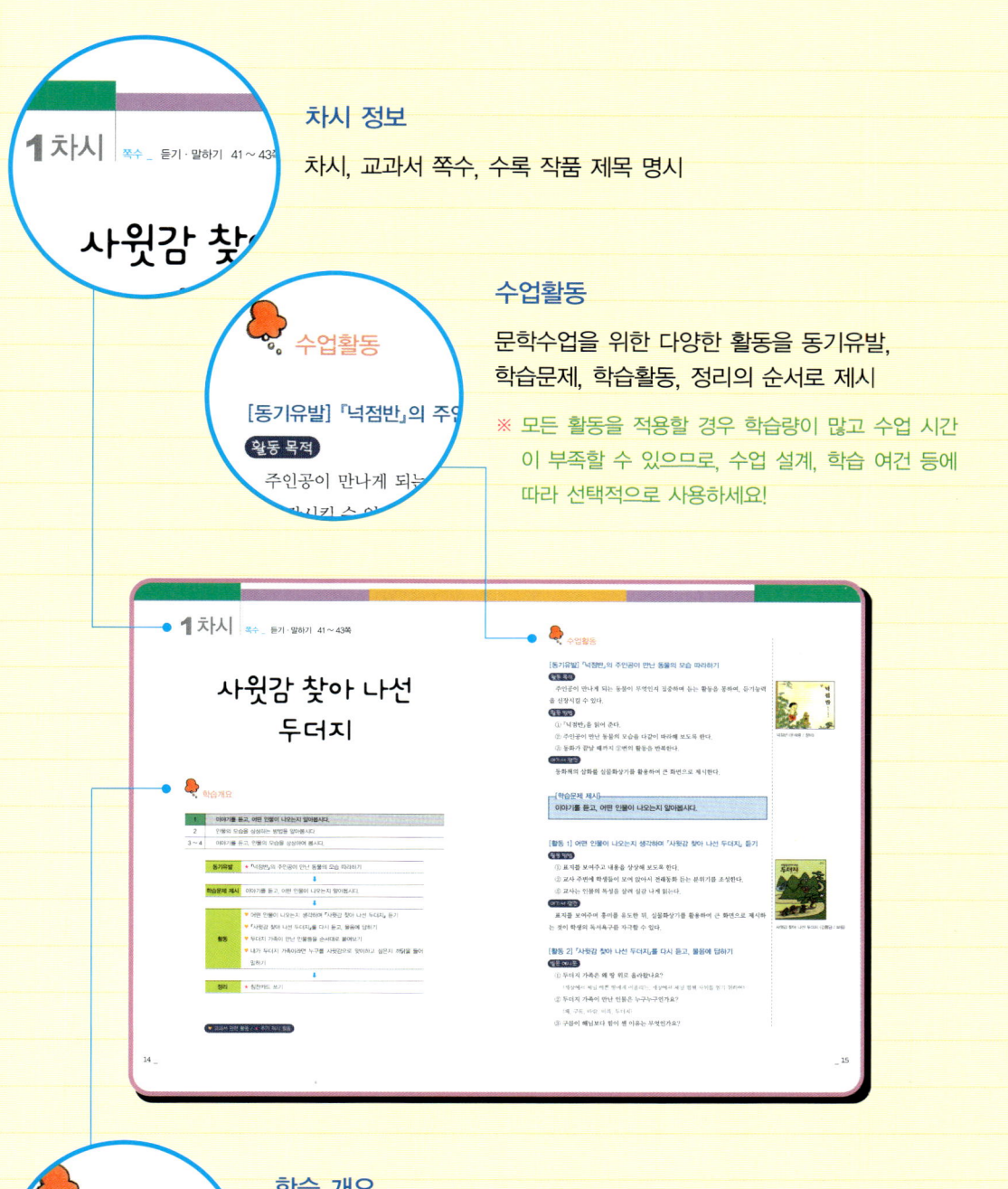

학습 개요
해당 차시의 학습 활동 및 학습의 흐름을 한 눈에 살펴볼 수 있는 표

♥ 교과서 활동을 쉽고 재미있게 공부할 수 있도록 보완한 활동
★ 창의적인 문학수업을 할 수 있도록 추가로 제시한 활동

학습 활동지

수업에 활용한 학습 활동지를 작게 축소하여 본문 옆에 제시
학습 활동지를 별도의 부록 자료로 제작

※ 부록의 학습 활동지를 복사하여 수업에 바로 활용할 수 있어요.

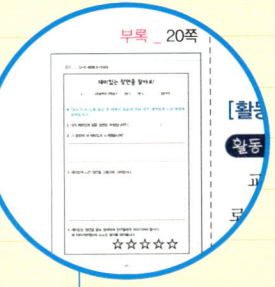

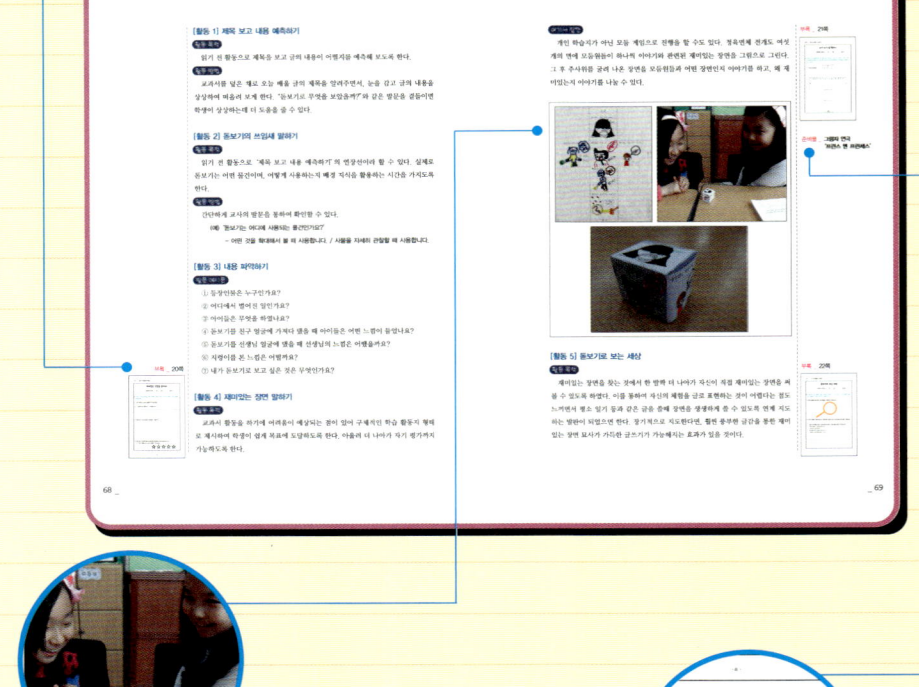

준비물 _ 그림자 연극
'프린스 앤 프린세스'

사진자료

학생 활동 모습 및 학습 결과물 수록

준비물

해당 수업활동 바로 옆에 학습활동에
사용한 책이나 준비물 안내

참고 자료

교과서 수록 작품과 함께 읽으면 좋은 문학 작품을 소개하거나
단원 및 차시 수업을 위한 수업 원리나 방법을 안내

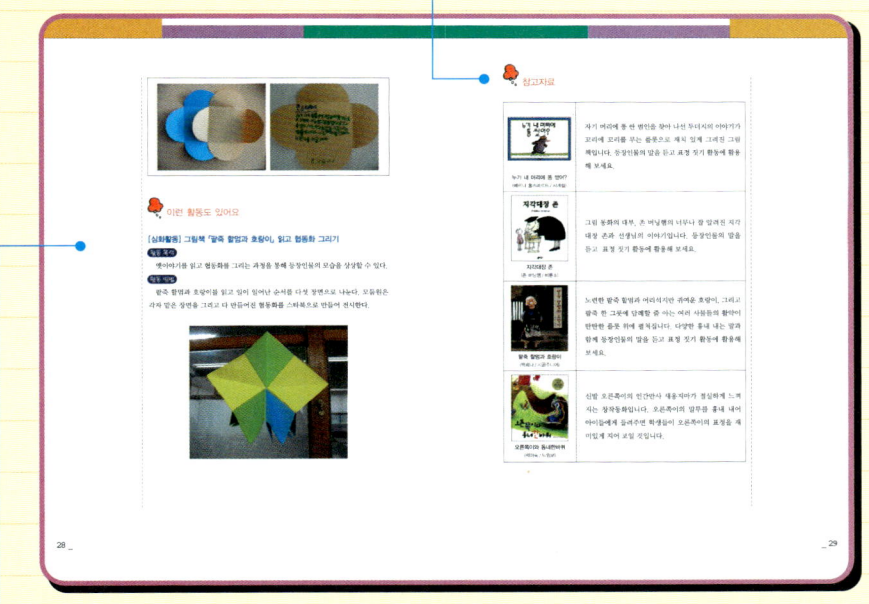

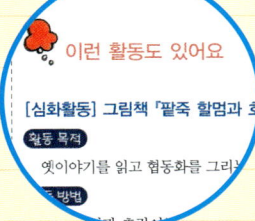

이런 활동도 있어요(심화활동)

문학 작품에 대한 깊이 있는 이해와 감상을 돕는 활동
또는 차시 학습 활동보다 한 단계 높은 수준의 활동 제시

1학년 1학기 4단원

아, 재미있구나!

1차시   이야기를 듣고, 어떤 인물이 나오는지 알아보기
2차시   인물의 모습을 상상하는 방법 알아보기
3~4차시   이야기를 듣고, 인물의 모습 상상하여 보기

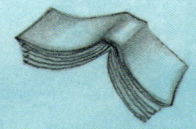

듣기 · 말하기

이야기를 들을 때에 인물의 모습을 상상하며 들으면, 이야기가 훨씬 재미있고 내용을 오랫동안 기억할 수 있습니다. 인물의 모습을 상상하며 이야기를 들어 봅시다.

단원 소개

　이 단원의 성취 기준은 '듣기(4) 인물의 모습을 상상하면서 이야기를 듣는다' 이다. 교과서는 세 편의 이야기를 제시하고, 등장인물의 말이나 행동을 통하여 인물의 모습을 상상하고 인물이나 장면을 말이나 그림으로 표현해 보도록 하고 있다.
　여기서는 교과서를 보조할 수 있는 몇 가지 활동과 자료를 소개하였다. 그리고 연극놀이 자료와 활동을 소개함으로써 학생들이 더욱 재미를 느끼며 참여하는 문학 수업이 되도록 하였다.

제재 분석

　『사윗감을 찾아 나선 두더지』는 세상에서 제일 예쁜 딸에게 어울리는 '세상에서 제일 힘센 사위'를 찾아주고자 세상 밖으로 떠난 두더지 가족의 이야기이다. 온 세상을 헤매고 다닌 끝에 가족들이 찾아낸 사윗감은 바로 자기와 똑같은 두더지였다. 이 작품은 '자아 찾기'에 관한 이야기로서, 힘든 모험 끝에 자신이 미처 알지 못했던 자기의 가치를 깨닫게 된다는 가르침을 얻을 수 있다.
　『어느 날 빔보가』는 마르틴 아우어 글, 지모네 클라게스 그림의 동화책이다. 부모님을 졸라 백조를 가지게 된 빔보는 백조와 함께 숲 속으로 들어가게 되고, 그곳에서 만난 거인은 빔보와 백조를 삼키게 된다. 백조의 도움으로 거인의 뱃속에 있던 빔보와 다양한 동물들이 거인 밖으로 나오게 되고 빔보는 이 모든 동물들을 데리고 방으로 들어간다. 이 작품은 현실계와 환상계를 오가는 이야기로서 학생들의 상상력을 마음껏 펼칠 수 있도록 도와줄 수 있다.
　『재주꾼 오형제』에는 다양한 재주를 가진 오형제가 등장한다. 세상 공부를 하기 위해 길을 떠난 큰손이, 콧김이, 오줌이, 배돌이, 무쇠발이가 바로 그들이다. 그들이 가진 재주와 관련해 이름을 맞추어 보는 활동도 1학년 학생들에게는 재미가 쏠쏠하다. 그리고 각각의 재주를 가진 인물들이 모여 호랑이를 이기는 다양한 장면에서 등장인물의 인상적인 모습을 상상하기 쉽다. 또한 아무리 어려운 일도 이겨낼 수 있다는 이 작품의 주제는 학생들에게 용기를 북돋고 통쾌함을 줄 것이다.

교과서 단원 구성

차시	교과서 쪽수	차시 문제	교과서 학습활동
1	듣말 41~43	이야기를 듣고, 어떤 인물이 나오는지 알아봅시다.	1. 어떤 인물이 나오는지 생각하며 『사윗감 찾아 나선 두더지』를 들어 봅시다. 2. 『사윗감 찾아 나선 두더지』를 다시 듣고, 물음에 답하여 봅시다. 3. 두더지 가족이 만난 인물들을 순서대로 붙여 봅시다. 4. 내가 두더지 가족이라면 누구를 사윗감으로 맞이하고 싶은지 까닭을 들어 말하여 봅시다.
2	듣말 44~47	인물의 모습을 상상하는 방법을 알아봅시다.	1. 어떤 인물이 나오는지 생각하며 『어느 날 빔보가』를 들어 봅시다. 2. 『어느 날 빔보가』를 다시 듣고, 물음에 답하여 봅시다. 3. 『어느 날 빔보가』에 나오는 동물을 순서대로 붙여 봅시다. 4. 이야기에 나오는 거인의 모습을 상상하는 방법을 알아봅시다. 5. 이야기에 나오는 거인의 모습을 상상하여 말해 봅시다.
3~4	듣말 48~53	이야기를 듣고, 인물의 모습을 상상하여 봅시다.	1. 인물의 모습을 상상하며 『재주꾼 오형제』의 앞부분을 들어 봅시다. 2. 『재주꾼 오형제』의 앞부분을 다시 듣고, 재주꾼 오형제가 어떤 재주를 가졌는지 선으로 이어 봅시다. 3. 『재주꾼 오형제』에 나오는 인물이 어떻게 생겼을지 상상하여 말해 봅시다. 4. 인물의 말과 행동을 떠올리며 『재주꾼 오형제』의 뒷부분을 들어 봅시다. 5. 『재주꾼 오형제』의 뒷부분을 다시 듣고, 일이 일어난 순서에 알맞게 번호를 적어 봅시다.

1차시   쪽수_ 듣기·말하기 41～43쪽

사윗감 찾아 나선 두더지

 학습개요

1	이야기를 듣고, 어떤 인물이 나오는지 알아봅시다.
2	인물의 모습을 상상하는 방법을 알아봅시다.
3～4	이야기를 듣고, 인물의 모습을 상상하여 봅시다.

동기유발	★ 『넉점반』의 주인공이 만난 동물의 모습 따라하기

⬇

학습문제 제시	이야기를 듣고, 어떤 인물이 나오는지 알아봅시다.

⬇

활동	♥ 어떤 인물이 나오는지 생각하며 『사윗감 찾아 나선 두더지』 듣기 ♥ 『사윗감 찾아 나선 두더지』를 다시 듣고, 물음에 답하기 ♥ 두더지 가족이 만난 인물들을 순서대로 붙여보기 ♥ 내가 두더지 가족이라면 누구를 사윗감으로 맞이하고 싶은지 까닭을 들어 말하기

⬇

정리	★ 칭찬카드 쓰기

♥ 교과서 관련 활동 / ★ 추가 제시 활동

 수업활동

[동기유발] 『넉점반』의 주인공이 만난 동물의 모습 따라하기

활동 목적

주인공이 만나게 되는 동물이 무엇인지 집중하며 듣는 활동을 통하여, 듣기능력을 신장시킬 수 있다.

활동 방법

① 『넉점반』을 읽어 준다.
② 주인공이 만난 동물의 모습을 다같이 따라해 보도록 한다.
③ 동화가 끝날 때까지 ②번의 활동을 반복한다.

여기서 잠깐

동화책의 삽화를 실물화상기를 활용하여 큰 화면으로 제시한다.

넉점반 (윤석중 / 창비)

[학습문제 제시]
이야기를 듣고, 어떤 인물이 나오는지 알아봅시다.

[활동 1] 어떤 인물이 나오는지 생각하며 『사윗감 찾아 나선 두더지』 듣기

활동 방법

① 표지를 보여주고 내용을 상상해 보도록 한다.
② 교사 주변에 학생들이 모여 앉도록 하여 이야기 듣는 분위기를 조성한다.
③ 교사는 인물의 특성을 살려 실감 나게 읽는다.

여기서 잠깐

표지를 보여주며 흥미를 유도한 뒤, 실물화상기를 활용하여 큰 화면으로 제시하는 것이 학생의 독서욕구를 자극할 수 있다.

사윗감 찾아 나선 두더지 (김향금 / 보림)

[활동 2] 『사윗감 찾아 나선 두더지』를 다시 듣고, 물음에 답하기

활동 방법

① 두더지 가족은 왜 땅 위로 올라왔나요?
　(세상에서 제일 예쁜 딸에게 어울리는, 세상에서 제일 힘센 사위를 얻기 위하여)
② 두더지 가족이 만난 인물은 누구누구인가요?
　(해, 구름, 바람, 미륵, 두더지)
③ 구름이 해님보다 힘이 센 이유는 무엇인가요?

(구름이 나타나서 해님을 가리면 온 세상이 어둑어둑해지기 때문에)

④ 바람이 구름보다 힘이 센 이유는 무엇인가요?

(바람이 불면 구름이 흩어지기 때문에)

⑤ 미륵이 바람보다 힘이 센 이유는 무엇인가요?

(바람이 아무리 불어도 미륵을 날려 보낼 수가 없기 때문에)

⑥ 두더지가 미륵보다 힘이 센 이유는 무엇인가요?

(두더지가 미륵을 쓰러뜨릴 수 있기 때문에)

⑦ 딸 두더지가 같은 마을의 총각 두더지와 결혼하게 된 까닭은 무엇인가요?

(세상에서 가장 힘이 세기 때문에)

[활동 3] 두더지 가족이 만난 인물들을 순서대로 붙여보기

교과서 109쪽의 붙임 딱지를 활용하여 두더지 가족들이 만난 인물을 순서대로 붙여본다.

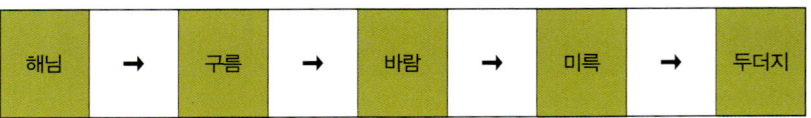

(교과서 붙임 딱지 그림 활용)

[활동 4] 내가 두더지 가족이라면 누구를 사윗감으로 맞이하고 싶은지 까닭을 들어 말하기

부록 _ 1쪽

활동 목적

이야기 속의 인물을 다시 한 번 상기하고 또 다른 새로운 인물을 추가함으로써, 인물의 특징을 잡아내는 능력을 신장시킨다.

활동 방법

해님 : 언제든지 따뜻하게 비춰주기 때문에

구름 : 서늘한 그늘을 만들어 주기 때문에

바람 : 더울 때에 시원하게 만들어주기 때문에

미륵 : 사람들의 소원을 들어주기 때문에

두더지 : 이 세상에서 가장 힘이 세기 때문에

또 다른 인물 : 컴퓨터(모든 것을 다 알고 있기 때문에)

이불(포근하게 덮어주기 때문에) 등

여기서 잠깐

두더지 가면을 쓰고 이야기 하면 편안한 분위기에서 더 자유롭게 발표할 수 있다.

[정리] 칭찬카드 쓰기

활동 목적

칭찬카드 쓰기를 통하여 나에 대한 소중함을 깨닫는 동시에 주위의 모든 사람은 장점을 지니고 있고 존중 받을 자격이 있음을 알게 한다.

활동 방법

① 나에게 칭찬카드 쓴다.
② 짝에게 칭찬카드 쓴다.
③ 자신이 쓴 칭찬카드를 오려 짝에게 선물로 건넨다.

부록 _ 2쪽

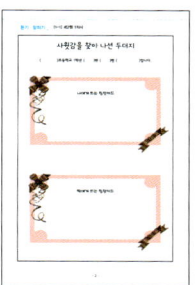

2차시 쪽수_ 듣기·말하기 44~47쪽

어느 날 빔보가

 학습개요

1	이야기를 듣고, 어떤 인물이 나오는지 알아봅시다.
2	인물의 모습을 상상하는 방법을 알아봅시다.
3~4	이야기를 듣고, 인물의 모습을 상상하여 봅시다.

동기유발	★ 그림자 연극을 보고 인물 상상하기
학습문제 제시	인물의 모습을 상상하는 방법을 알아봅시다.
활동	♥ 어떤 인물이 나오는지 생각하며 『어느 날 빔보가』 듣기 ♥ 『어느 날 빔보가』를 다시 듣고, 물음에 답하기 ♥ 『어느 날 빔보가』에 나오는 동물을 순서대로 붙이기 ♥ 이야기에 나오는 거인의 모습을 상상하는 방법 알아보기 ♥ 이야기에 나오는 거인의 모습을 상상하여 몸짓으로 표현하기
정리	★ 자기평가하기

[심화활동] 연극놀이 – 주인공 되어 보기

♥ 교과서 관련 활동 / ★ 추가 제시 활동

 수업활동

[동기유발] 그림자 연극을 보고 인물 상상하기

활동 목적

본래 모습이 보이지 않는 그림자 연극의 일부를 감상한다. 그림자 연극에 등장하는 인물의 모습을 상상해 본다.

활동 방법

① 그림자 연극을 감상한다.
② 그림자 연극의 인물을 세어본다.
③ 그림자 인물의 모습을 상상한다.
④ 인물의 생김새를 상상하여 발표한다.

여기서 잠깐

교사가 직접 그림자 연극을 준비하여 보여줄 수도 있고, 검정 도화지와 나무젓가락을 이용하여 간단한 막대 인형극을 보여줄 수도 있다.

준비물 _ 그림자 연극
'프린스 앤 프린세스'

[학습문제 제시]

인물의 모습을 상상하는 방법을 알아봅시다.

[활동 1] 어떤 인물이 나오는지 생각하며 『어느 날 빔보가』 듣기

여기서 잠깐

표지를 보여주며 흥미를 유도한 뒤, 실물화상기를 활용하여 큰 화면으로 제시하는 것이 학생의 독서 욕구를 자극할 수 있다.

[활동 2] 『어느 날 빔보가』를 다시 듣고, 물음에 답하기

활동 방법

① 빔보가 엄마, 아빠를 조른 까닭은 무엇인가요?

　(새가 갖고 싶어서)

② 엄마가 반복하는 말은 무엇인가요?

　("어머나, 세상에!")

③ 아빠가 반복하는 말은 무엇인가요?

　("저런, 저런, 저런!")

④ 빔보가 데리고 온 새는 무엇인가요?

어느 날 빔보가 (마르틴아우어 / 국민서관)

(아주 예쁘고 하얀 백조)
⑤ 빔보와 백조는 왜 숲으로 갔나요?
(부모님이 백조를 집 안에서 기를 수 없다고 했기 때문에)
⑥ 빔보와 백조가 숲에 오자 숲 속의 동물들은 어떻게 하였나요?
(빔보를 숲 밖으로 쫓아내려고 했다.)
⑦ 숲 속의 동물들이 빔보를 쫓아내지 못한 이유는 무엇인가요?
(빔보가 백조와 함께 있었기 때문에)
⑧ 거인은 빔보와 백조를 만나서 어떻게 하였나요?
(빔보와 새를 덥석 집어 한입에 삼켰다.)
⑨ 빔보는 어떻게 거인에게서 도망칠 수 있었나요?
(백조가 거인의 뱃속에서 날개를 요란하게 푸드덕거렸더니 거인이 먹은 것을 토했다.)
⑩ 빔보는 누구와 함께 집으로 돌아갔나요?
(백조와 거인이 먹은 여러 가지 것들)

[활동 3] 『어느 날 빔보가』에 나오는 동물을 순서대로 붙이기

교과서 109쪽의 붙임 딱지를 활용하여 두더지 가족들이 만난 인물을 순서대로 붙여본다.

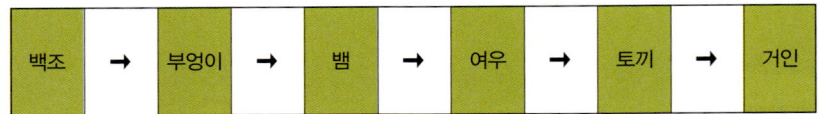

(교과서 붙임 딱지 그림 활용)

[활동 4] 이야기에 나오는 거인의 모습을 상상하는 방법 알아보기

활동 방법

〈인물의 생김새를 생각하며 듣습니다.〉
　거인의 생김새 : 입이 크다(많이 먹으니까), 배가 나왔다(많이 먹으니까),
　　　　　　　　무시무시하게 생겼다(보이는 것을 다 먹으니까) 등
〈인물의 행동을 생각하며 듣습니다.〉
　거인의 행동 : 잔인하다(보이는 것을 다 먹으니까),
　　　　　　　욕심이 많다(보이는 것을 다 먹으니까) 등

여기서 잠깐

빔보의 생김새와 행동을 상상해보는 것도 좋다.

빔보의 생김새 : 키가 작다(백조가 덮을 수 있으니까),
　　　　　　지저분하다(더러워져도 별로 신경을 안 쓰니까) 등
빔보의 행동 : 용감하다(거인을 보고도 안 무서워 하니까),
　　　　　　호기심이 많다(거인을 찾아 다녔으니까) 등

[활동 5] 이야기에 나오는 거인의 모습을 상상하여 몸짓으로 표현하기

활동 목적

이야기 속의 인물의 생김새와 행동을 통하여 모습을 상상하는 활동을 함으로써 창의력 및 상상력을 신장시킨다.

활동 방법

거인의 모습을 흉내 낸다.

　(예) 거인이 먹는 모습, 거인이 배 아파하는 모습 등

빔보의 모습을 흉내 낸다.

　(예) 빔보가 드러눕는 모습, 거인이 토해낸 것들을 데리고 방으로 들어가는 모습 등

[정리] 자기평가하기

이번 시간의 연극 활동을 모둠별로 평가함으로써 인물의 모습을 상상하는 방법을 알게 되었는지 평가한다.

평가 내용	점 수
이야기 속 인물을 흉내 내는 방법을 알았나요?	♡ ♡ ♡
인물의 모습이나 움직임에 어울리게 흉내 내었나요?	♡ ♡ ♡
친구들과 즐겁게 참여하였나요?	♡ ♡ ♡

(참잘해요 : 3개, 잘해요 : 2개, 보통이에요 : 1개 색칠)

이런 활동도 있어요

[심화활동] 연극놀이 – 주인공 되어 보기

활동 목적

실제로 이야기의 주인공이 되어봄으로서 문학 작품을 깊이 이해하고 생각과 느낌을 적극적으로 표현해 볼 수 있다.

활동 방법

① 아이들이 들어갈 수 있을만한 큰 천을 준비한다.
② 큰 천에 아이들이 통과할 수 있을만한 구멍을 뚫는다.
③ 거인이 먹은 여러 가지 물건이 되어서 구멍으로 하나씩 나온다.

어느 날 빔보가 (마르틴아우어 / 국민서관)

 참고자료

그림자 그림책 자료 (도서출판 미세기 – 그림자 극장 시리즈)

사라진 공주를 찾아서
(나탈리 디테를레 / 미세기)

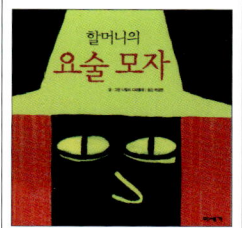
할머니의 요술 모자
(나탈리 디테를레 / 미세기)

두 작품 모두 그림자 놀이와 이야기가 결합된 그림책으로서 학생의 상상력을 신장시키는 데에 많은 도움이 된다. 내용 또한 간단하여 인형극으로 활용하기에도 적당하다.

3~4차시

쪽수 _ 듣기·말하기 48~53쪽

재주꾼 오형제

 학습개요

1	이야기를 듣고, 어떤 인물이 나오는지 알아봅시다.
2	인물의 모습을 상상하는 방법을 알아봅시다.
3~4	이야기를 듣고, 인물의 모습을 상상하여 봅시다.

| 동기유발 | ★ 제목을 말해봐! |

⬇

| 학습문제 제시 | 이야기를 듣고, 인물의 모습을 상상하여 봅시다. |

⬇

| 활동 | ♥ 앞이야기 듣고 내용 파악하기
♥ 뒷이야기 듣고 일이 일어난 순서 정리하기
♥ 등장인물이 한 일 알아보기 – 몸으로 말해요
♥ 이 표정 어때? |

⬇

| 정리 | ★ 주인공에게 딱지편지 쓰기 |

[심화활동] 그림책 『팥죽 할멈과 호랑이』 읽고, 협동화 그리기

♥ 교과서 관련 활동 / ★ 추가 제시 활동

 수업활동

[동기유발] 제목을 말해봐!

활동 목적

이야기 속의 등장인물이 한 말을 듣고 이야기 제목 맞추는 놀이를 통해 인물의 모습을 상상할 수 있다.

활동 방법

교사가 이야기 속의 등장인물이 한 말을 들려주면 학생은 이야기 제목을 맞춘다.

① "이그, 누가 내 머리에 똥 쌌어? 비둘기, 네가 내 머리에 똥 쌌지?"
『누가 내 머리에 똥 쌌어?』

② "악어가 나온다는 거짓말을 다시는 하지 않겠습니다. 그리고 다시는 장갑을 잃어버리지 않겠습니다."
『지각대장 존』

③ "호랑아, 나 죽는 건 괜찮지만 눈 내린 겨울날 너도 먹을 것 없을 때 맛난 팥죽이나 실컷 먹고 나서 꿀꺽 나를 잡아먹으렴."
『팥죽 할멈과 호랑이』

④ "이번에는 또각또각 뾰족구두가 다가왔어, 뾰족구두는 나를 꼭 찔렀어."
『오른쪽이와 동네한바퀴』

여기서 잠깐

한 학생이 제목을 맞춘 뒤 교사는 전체 학생에게 해당 인물의 표정을 짓게 함으로써 본 차시의 학습문제를 이끌어 낼 수 있다. 처음 들려준 대사를 듣고 답을 못 맞힐 때를 대비하여 동화책을 미리 준비하면 좋다.

[학습문제 제시]
이야기를 듣고, 인물의 모습을 상상하여 봅시다.

[활동 1] 앞이야기 듣고 내용 파악하기

활동 목적

교사의 내용 파악 발문을 듣고 학생은 답을 말하는 과정을 통해 이야기의 등장인물과 배경, 일어난 일 등을 파악할 수 있다.

활동 방법

교사가 구연하듯이 실감 나게 이야기를 읽어주거나 플래시 자료를 활용하여 이야기를 들려준 후 내용 파악 발문을 한다.

① 이야기에는 누가 나오나요?

누가 내 머리에 똥 쌌어?
(베르너 홀츠바르트 / 사계절)

지각대장 존 (존 버닝햄 / 비룡소)

팥죽할멈과 호랑이 (박희나 / 시공주니어)

오른쪽이와 동네한바퀴 (백미숙 / 느림보)

(할머니, 할아버지, 큰손이, 콧김이, 오줌이, 배돌이, 무쇠발이)
② 큰손이는 무슨 재주를 가졌나요?
(힘이 무척 세서 밭도 금방 갈아요.)
③ 큰손이가 처음 콧김이의 재주를 봤을 때 느낌이 어땠을까요?
(무척 반갑고 신기했어요.)

[활동 2] 뒷이야기 듣고 일이 일어난 순서 정리하기

활동 목적

이야기 사건을 정리할 수 있다.

활동 방법

뒷이야기를 듣고, 일이 일어난 차례를 번호로 매긴다. (교과서 51쪽)

[활동 3] 등장인물이 한 일 알아보기 – 몸으로 말해요

활동 목적

등장인물을 몸으로 설명하면서 등장인물의 특징을 표현할 수 있다.

활동 방법

교사가 첫 번째 모둠원에게 등장인물의 이름 카드를 보여주면 첫 번째 모둠원은 두 번째 모둠원에게 몸으로 그 인물을 설명하고 이러한 방식으로 마지막 모둠원에게 몸으로 설명한다. 그리고 마지막 모둠원은 답을 외쳐서 가장 짧은 시간 안에 정답을 맞힌 모둠이 이기는 놀이이다.

'무쇠발이' 설명하는 모습

'할머니' 설명하는 모습

[활동 4] 이 표정 어때?

활동 목적

등장인물이 한 일을 생각하여 얼굴 표정을 직접 그리고 모둠원들과 돌아가며 이야기한다. 이 과정에서 학생은 등장인물의 모습을 상상할 수 있고 이야기 속 주인공이 되어 볼 수 있다.

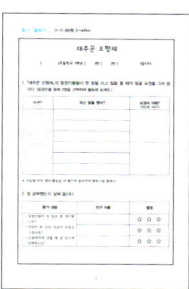

부록 _ 3쪽

활동 방법

인물이 한 말과 한 일을 떠올려 보고 인물의 모습을 상상하여 그린 후 모둠원끼리 돌아가며 말한다. 활동을 마치면 학습 활동지 아래 상호평가란에 별점으로 평가한다. 교과서 52쪽에 제시된 활동지를 하고 밑에 스티커를 붙이게 함으로써 상호평가를 대신할 수도 있고, 교과서 활동을 마친 후에 여기에 제시된 학습 활동지를 추가로 할 수 있다.

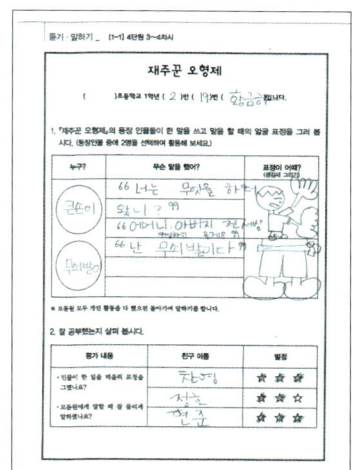

[정리] 주인공에게 딱지편지 쓰기

활동 목적

주인공에게 하고 싶은 말을 편지로 쓰는 활동을 통해 글에서 받은 느낌을 구체적으로 표현할 수 있다.

활동 방법

① 이야기 속 등장인물을 정하기
② 작품을 읽고 느낀 점, 등장인물에게 하고 싶은 말을 편지에 쓴다.
③ 자신이 쓴 편지를 전체 친구를 대상으로 발표하거나 모둠원에게 들려준다.
④ 다 쓴 딱지편지는 교실에 전시한다.

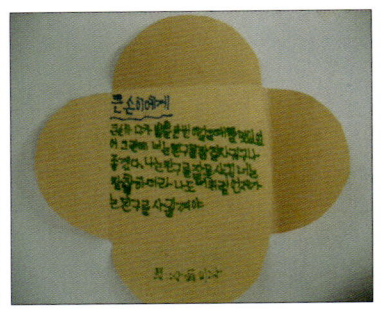

 이런 활동도 있어요

[심화활동] 그림책 『팥죽 할멈과 호랑이』 읽고, 협동화 그리기

활동 목적

  옛이야기를 읽고 협동화를 그리는 과정을 통해 등장인물의 모습을 상상할 수 있다.

활동 방법

  팥죽 할멈과 호랑이를 읽고 일이 일어난 순서를 다섯 장면으로 나눈다. 모둠원은 각자 맡은 장면을 그리고 다 만들어진 협동화를 스타북으로 만들어 전시한다.

 참고자료

 누가 내 머리에 똥 쌌어? (베르너 홀츠바르트 / 사계절)	자기 머리에 똥 싼 범인을 찾아 나선 두더지의 이야기가 꼬리에 꼬리를 무는 플롯으로 재치 있게 그려진 그림책입니다. 등장인물의 말을 듣고 표정 짓기 활동에 활용해 보세요.
 지각대장 존 (존 버닝햄 / 비룡소)	그림 동화의 대부, 존 버닝햄의 너무나 잘 알려진 지각대장 존과 선생님의 이야기입니다. 등장인물의 말을 듣고 표정 짓기 활동에 활용해 보세요.
 팥죽 할멈과 호랑이 (백희나 / 시공주니어)	노련한 팥죽 할멈과 어리석지만 귀여운 호랑이, 그리고 팥죽 한 그릇에 답례할 줄 아는 여러 사물들의 활약이 탄탄한 플롯 위에 펼쳐집니다. 다양한 흉내 내는 말과 함께 등장인물의 말을 듣고 표정 짓기 활동에 활용해 보세요.
 오른쪽이와 동네한바퀴 (백미숙 / 느림보)	신발 오른쪽이의 인간만사 새옹지마가 절실하게 느껴지는 창작동화입니다. 오른쪽이의 말투를 흉내 내어 아이들에게 들려주면 학생들이 오른쪽이의 표정을 재미있게 지어 보일 것입니다.

1학년 1학기 4단원

아, 재미있구나!

1차시 시를 읽고, 반복되는 말이 주는 느낌 알기
2~3차시 반복되는 말의 재미를 살려 시 읽기
4차시 글과 그림을 관련지으며 그림 동화 읽기
5~6차시 글과 그림을 관련지으며 그림 동화 읽기

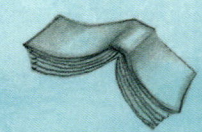

단원 소개

이 단원은 다양한 문학 작품을 통해 학습자들이 우리말의 재미를 느끼고 표현의 풍부함을 이해하며 상상력과 창의적 표현 능력을 신장시키는데 의의가 있다. 교과서에 제시된 제재 「구슬비」, 「오는 길」, 「아기의 대답」은 반복되는 말을 사용하여 리듬감과 재미를 느낄 수 있는 시이다. 여기서는 반복되는 말의 재미를 느낄 수 있는 다양한 시들을 추가 제시하여 표현의 재미를 느끼며 시를 즐겨 읽고 감상할 수 있는 기초적인 능력을 기르는데 도움을 주고자 하였다.

1~3차시에서 시를 감상하였다면 4~6차시에서는 글과 그림을 관련 짓고 글과 그림이 나타내는 뜻을 생각하며 그림 동화를 읽는 활동을 하게 된다. 교과서에 수록된 『괜찮아』를 읽으며 그림 동화를 감상하는 방법을 알고 그림 동화를 재미있게 읽을 수 있도록 한다. 차시 수업과 함께 1학년 학생들의 눈높이에 맞고 재미와 공감을 이끌어낼 수 있는 다양한 그림 동화를 소개함으로써 풍부한 독서 경험으로 안내한다.

제재 분석

「구슬비」는 세 살 때 소아마비로 장애인이 된 권오순의 작품으로 그는 이 시를 통해 우리말의 재미와 '형용어'의 다양함을 보여주었다. 우리말의 'ㅇ'과 'ㄹ'의 '흘러내리고 튀어 오르는' 감각을 극도로 활용한 '송알송알', '조롱조롱', '대롱대롱', '송송송'과 같은 의태어들은 구슬비를 수식하는 형용어로 모자람이 없다.

「오는 길」은 피천득의 작품으로 '재깔댄다, 따박따박 걷는다. 앙감질로, 깡충깡충 뛴다, 깔깔댄다, 베틀거린다, 쓰러진다.'와 같은 표현만으로 눈에 보이듯 선명하게 장면을 보여주고 있다. 의성어, 의태어도 아기에게 맞는 작은 느낌들을 동작이나 소리에 맞게 나타냈으며, 4·4·5음절로 읽다보면 저절로 노래가 된다.

「아기의 대답」은 박목월의 작품으로 아기를 불렀을 때 말을 할 줄 모르는 아기가 코와 눈으로 대답하는 모습을 반복되는 말로 재미있게 표현한 작품이다. 이 작품의 주인공을 바꿔보거나 반복되는 표현을 다른 말로 바꾸어보면 말의 재미를 충분히 느낄 수 있을 것이다.

최숙희 글, 그림의 『괜찮아』는 작고, 약하고, 불편해 보이는 존재일지라도 잘 할 수 있는 무언가가 있다는 것을 보여준다. 어린 아이의 눈에 비친 개미, 고슴도치, 뱀, 타조, 기린의 모습은 작고, 가시가 많고, 다리가 없고, 날지 못하며, 목이 너무 길어 불편하다. 하지만 그들은 자신의 모습을 '괜찮아'라는 긍정적 사고를 통해 극복하며 오히려 장점이 될 수 있음을 말하고 있다. 개미, 고슴도치, 뱀, 타조, 기린의 '그럼 너는?' 이라는 반문에 어린 아이는 자신이 제일 잘 하는 것 – '크게 웃을 수 있는 것'을 찾고 행복해 한다. 『괜찮아』를 읽으며 학생 독자들은 자신의 장점을 찾아내고 자신의 현재의 모습에 대해 긍정적으로 생각할 줄 아는 자아존중감을 갖게 된다.

교과서 단원 구성

차시	교과서 쪽수	차시 문제	교과서 학습활동
1	읽기 59~61	시를 읽고, 반복되는 말이 주는 느낌을 알아봅시다.	1. 「구슬비」를 소리 내어 읽어 봅시다. 2. 「구슬비」를 다시 읽고, 보기와 같이 반복되는 말을 찾아봅시다. 3. 반복되는 말의 느낌을 살려 시를 읽어 보고, 어떤 느낌이 드는지 말하여 봅시다. 4. 반복되는 말의 느낌을 살려 「구슬비」를 노래로 불러 봅시다.
2~3	읽기 62~65	반복되는 말의 재미를 살려 시를 읽어 봅시다.	1. 아이가 걸어오는 모습을 떠올리며 「오는 길」을 소리 내어 읽어 봅시다. 2. 「오는 길」을 읽고, 물음에 답하여 봅시다. 3. 반복되는 말의 재미를 살려 「오는 길」을 읽어 봅시다. 4. 아기의 귀여운 모습을 떠올리며 시를 읽어 보고, 생각과 느낌을 나누어 봅시다.
4	읽기 66~68	글과 그림을 관련지으며 그림 동화를 읽어 봅시다.	1. 글과 그림을 관련지으며 『괜찮아』를 읽어 봅시다. 2. 글과 그림의 내용을 알아봅시다. 3. 글과 그림이 서로 어떻게 관련 되는지 생각하며 읽어 봅시다.
5~6	읽기 69~72	글과 그림이 나타내는 뜻을 생각하며 그림 동화를 읽어 봅시다.	1. 그림을 보고, ☐ 안에 어떤 말이 들어가면 좋을지 생각하며 『괜찮아』를 이어서 읽어 봅시다. 2. 『괜찮아』 읽고, 물음에 답하여 봅시다. 3. 70쪽 그림의 ☐ 안에 알맞은 말을 넣어 봅시다. 4. 나는 무엇을 잘 하는지 생각하여 보고, 그림과 글로 나타내어 봅시다.

1차시
쪽수 _ 읽기 59~61쪽

구 슬 비

 학습개요

1	시를 읽고, 반복되는 말이 주는 느낌을 알아봅시다.
2~3	반복되는 말의 재미를 살려 시를 읽어 봅시다.
4	글과 그림을 관련지으며 그림 동화를 읽어 봅시다.
5~6	글과 그림이 나타내는 뜻을 생각하며 그림 동화를 읽어 봅시다.

동기유발	★ 요술 상자에서 나오는 재미있는 말 알아보기
학습문제 제시	시를 읽고, 반복되는 말이 주는 느낌을 알아봅시다.
활동	★ 문장에서 반복되는 말 찾기 ♥ 재미있는 글짓기
정리	★ 「구슬비」 노래 부르기

[심화활동 1] 그림에 알맞은 반복되는 말을 찾아 넣기
[심화활동 2] 반복되는 표현, 재미있는 표현이 담긴 시 찾아보기

♥ 교과서 관련 활동 / ★ 추가 제시 활동

 수업활동

[동기유발] 요술 상자에서 나오는 재미있는 말 알아보기

활동 목적

우리말의 신선함과 재미를 느낄 수 있고 이번 차시에서 배울 반복되는 말에 친근감을 느낄 수 있다.

활동 방법

① 수업 전, 빈 상자에 '쭈글쭈글, 고불고불, 끈적끈적, 툭툭, 쿵쿵'과 같은 말들을 각각 카드로 만들어 넣어둔다.
② 요술 상자 안에 재미있는 말들이 들어 있다고 안내하며 학생들의 호기심을 유발한다.
③ 학생들이 직접 나와서 요술 상자 안에 들어 있는 말을 꺼내고 어떤 느낌이 드는지 이야기 하여 본다.

[학습문제 제시]

> 시를 읽고, 반복되는 말이 주는 느낌을 알아봅시다.

[활동 1] 문장에서 반복되는 말 찾기

활동 목적

1학년 어린이들 수준에 맞는 쉬운 문장을 들려주면서 반복되는 말을 찾고 재미를 느낄 수 있도록 한다.

활동 방법

① 반복되는 말이 들어간 문장을 교사가 교실상황에 맞게 지어낸다.
② □안에 반 아이들 이름을 넣어 말해 주면 더욱 흥미를 느낀다.
③ 반복되는 말을 문장에서 찾아보도록 한다.
④ 반복되는 말에 어울리는 행동을 흉내 내어 보도록 한다.

---

① □□이는 아침에 학교에 가기 위해서 양치질을 치카치카 했습니다.
② 시험에서 백점을 맞은 □□이는 폴짝폴짝 거리를 뛰어 다녔습니다.
③ □□이가 시골에 갔더니 별들이 반짝반짝 빛났습니다.
④ 비가 주룩주룩 내려서 우산을 쓰고 총총 걸어갔습니다.

부록 _ 4쪽

[활동 2] 재미있는 글짓기

활동 목적

「구슬비」에 나오는 반복되고, 재미있는 표현을 사용하여 글을 지어 봄으로써 반복되는 말을 이용하여 표현하는 방법을 익히고 시에서 쓰인 반복되는 말의 느낌을 알 수 있다.

활동 방법

「구슬비」에 나오는 반복되고, 재미있는 표현을 사용하여 간단하게 글을 지어 보도록 한다.

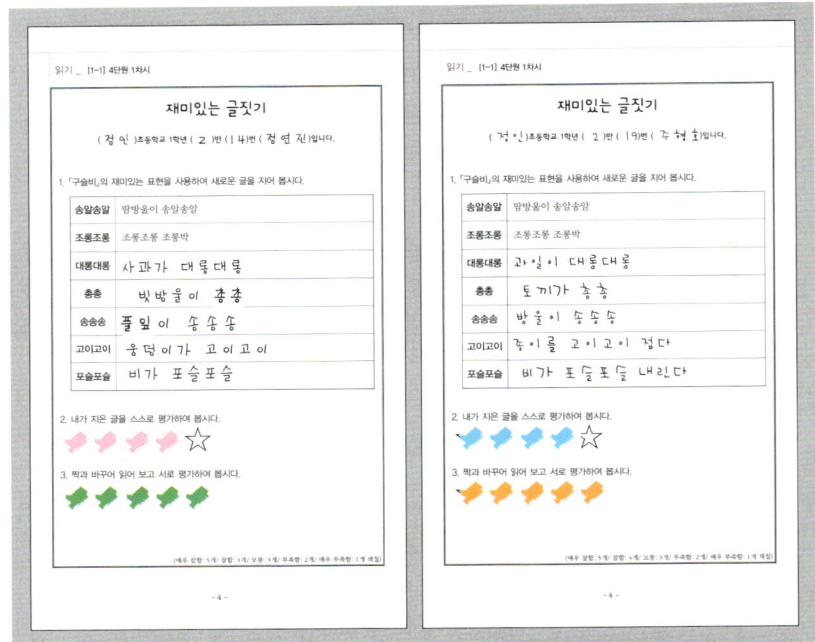

[정리] 「구슬비」 노래 부르기

활동 목적

반복되는 말이 있는 부분에 재미있는 율동(박수 치기 등)을 넣어 노래를 부르도록 함으로써 시에서 쓰인 반복되는 말의 재미와 느낌을 되새겨 볼 수 있다.

활동 방법

① 노래를 들려주고 반복되는 말에 박수치기를 하며 따라해 보도록 한다.
② 반복되는 말의 느낌에 어울리는 몸짓을 넣어서 노래를 하도록 한다.

구슬비 (권오순 / 안병원 / 풀잎 동요마을)

 이런 활동도 있어요

[심화활동 1] 그림에 알맞은 반복되는 말을 찾아 넣기

활동 목적

여러 가지 표현 중에서 그림에 어울리는 반복되는 말을 찾아봄으로써 반복되는 말을 구분해 낼 수 있는 동시에 반복되는 말을 상황에 맞게 쓰는 법을 익힐 수 있다.

활동 방법

① 개별학습으로 학습 활동지를 활용하거나, 전체 학습으로 PPT와 칠판에 붙이는 그림카드, 낱말카드를 이용한다.
② 먼저 반복되는 말을 골라 낸 후 그 중에서 그림에 알맞은 표현을 쓰도록 한다.
③ 결과물은 평가 자료로도 활용할 수 있다.

부록 _ 5쪽

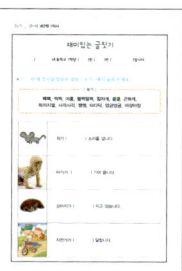

[심화활동 2] 반복되는 표현, 재미있는 표현이 담긴 시 찾아보기

활동 목적

　반복되는 표현, 재미있는 표현이 담긴 시를 찾아보도록 함으로써 다양한 시를 감상할 수 있는 기회를 제공한다.

활동 방법

① 재량시간이나 방과 후 시간을 활용하여 반복되는 표현이 들어가 있는 시를 찾아보도록 한다.
② 손 글씨로 시를 옮겨 적고 배경그림까지 그려 코팅하면 멋진 액자를 만들 수 있다.
③ 교실 뒤편에 전시하고 다른 친구들이 찾아 온 시도 함께 감상하고 느낌을 이야기해 보도록 한다.

 참고자료

[시 감상 수업 모형]

1. 계획 단계

① 수업 목표의 설정과 수업 설계
② 텍스트를 현시할 수 있는 자료 준비 (낭송 자료, 효과 자료)
③ 평가 요목의 작성

초등 국어과 교수·학습 방법
(신헌재 외 / 박이정)

2. 진단 단계

① 시 전반에 대한 이해도 진단
② 시 전반에 대한 정의적 태도 진단

3. 지도 단계

① 전체적 접근
　• 감상 분위기 조성 및 주체적 독서 자세 격려
　• 시를 낭독하여 시 전체의 분위기 떠올리기
　• 시와 관련된 경험 나누기
② 부분적 접근
　• 시의 부분에 대해 질문하기 및 이야기 나누기
　　– 시어의 사전적 의미 파악하기

- 시의 구문을 정확하게 이해하기
- 비유적 의미 구체화하기
- 시적 상황 재구성하기
- 어조 파악하며 분위기 느껴보기
- 언어적 기법에서 아름다움 느끼기 (운율, 이미지, 비유의 참신성 등)

③ 종합적 접근
- 시적 상황 재구성하기
- 시 전체를 대상으로 자유롭게 반응하기
- 자신의 체험과 관련지으면서 시의 감동을 체험하기
- 시적 화자의 심정이 되어보기
- 자신의 반응을 진솔하게 표현하기 (입말, 몸짓, 표정 등)
- 관련 작품 더 찾아 읽어보기
  - 비슷한 주제나 소재로 이루어진 시 찾아 읽어보기
  - 같은 시인의 다른 작품 찾아 읽어보기

4. 평가 단계
① 시의 이해 정도 평가
② 심미적 체험 평가

2~3차시　쪽수_ 읽기 62~65쪽

오는 길, 아기의 대답

 학습개요

1	시를 읽고, 반복되는 말이 주는 느낌을 알아봅시다.
2~3	반복되는 말의 재미를 살려 시를 읽어 봅시다.
4	글과 그림을 관련지으며 그림 동화를 읽어 봅시다.
5~6	글과 그림이 나타내는 뜻을 생각하며 그림 동화를 읽어 봅시다.

동기유발	★ 동물들이 걷는 모습을 흉내 낸 말 떠올리기
학습문제 제시	반복되는 말의 재미를 살려 시를 읽어 봅시다.
활동	★ 「오는 길」 노래 부르기 ★ 「아기의 대답」을 '아빠의 대답', '엄마의 대답'으로 바꾸어 쓰기 ★ 반복되는 말을 넣어 재미있는 시 완성하기
정리	★ 액자책 만들기

[심화활동 1] 시를 읽으며 재미있는 말 찾기
[심화활동 2] 반복되는 말 이용하여 시 짓기

♥ 교과서 관련 활동 / ★ 추가 제시 활동

 수업활동

[동기유발] 동물들이 걷는 모습을 흉내 낸 말 떠올리기

활동 목적

동물 그림이나 동영상을 보여주고 걷는 모양을 자유롭게 말하여 보도록 한다.

흉내 내는 말은 대부분 반복되며 대상을 재미있게 표현할 수 있다는 것을 자연스럽게 깨달을 수 있다.

활동 방법

① 병아리, 토끼, 오리, 참새, 코끼리, 거북이 등 다양한 동물의 그림이나 동영상을 보여준다.

② 모둠별로 동물을 선택하고, 흉내 내는 말을 하며 걷는 모습을 몸으로 표현한다.

[학습문제 제시]

반복되는 말의 재미를 살려 시를 읽어 봅시다.

[활동 1] 「오는 길」 노래 부르기

활동 목적

「오는 길」에 음을 넣어 노래로 불러봄으로써 시의 운율과 반복되는 말의 재미를 알 수 있도록 한다.

활동 방법

① 「오는 길」을 노래로 부른다.

　(즐거운 생활 2학년 1학기 1단원에 제재곡으로 수록됨.)

② 타박타박, 깡충깡충, 배틀배틀을 다른 표현으로 바꾸어 불러 본다.

③ 반복되는 말이 나오는 다른 동요를 여러 곡 감상하고 공통점을 찾아볼 수도 있다.

읽기 (1-1) 62p
오는 길 (피천득 작사 / 백현주 작곡)

```
재잘대며    타박타박   걸어오다가
앙감질로    깡충깡충   뛰어오다가
깔깔대며    배틀배틀   쓰러집니다
```

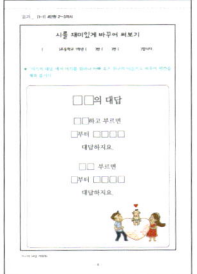

부록 _ 6쪽

읽기 (1-1) 65p - 아기의 대답

[활동 2] 「아기의 대답」을 '아빠의 대답', '엄마의 대답'으로 바꾸어 쓰기

활동 목적

시를 감상하고 생각과 느낌을 나누는 것에서 나아가 가족들이 어떤 모습과 소리로 대답을 하는지 바꾸어 써보고 반복되는 말과 재미있는 표현을 응용할 수 있도록 한다.

활동 방법

① 1학년 아이들은 시를 바꾸어 쓰는데 어려움을 느낄 수 있으므로 「아기의 대답」 시에 빈칸을 두어 시어를 바꾸어 쓰는 것으로 한다.

② 시어를 바꾸는 것에 어려움을 느끼는 경우에는 반복되는 말과, 재미있는 말 몇 가지를 예시해 주어 바꾸어 쓰도록 할 수 있다.

□□ 의 대답

□□하고 부르면
코부터 □□□□
　　대답하지요.

□□ 부르면
눈부터 □□□□
　　대답하지요.

[활동 3] 반복되는 말을 넣어 재미있는 시 완성하기

활동 목적

시에서 반복되는 말을 빼고 학생들에게 제시한 후 원래의 시와 비교하여 보여 준다. 반복되는 말이 들어가야 하는 자리를 빈칸으로 제시하고 학생들에게 반복되는 말을 채워 넣도록 할 수도 있다. 학생들은 이 활동을 하면서 반복되는 말(흉내 내는 말)이 들어감으로써 시를 재미있게 읽을 수 있다는 것을 알 수 있다.

활동 방법

① 반복되는 말을 뺀 시와 원래의 시를 비교하고 느낌을 말해 보도록 한다.

② 반복되는 말이 들어가야 하는 부분을 빈칸으로 제시하고 학생들이 시를 완성하도록 한다. 원래 시에서는 어떻게 표현하였는지 자신이 완성한 시와 비교하도록 한다.

1. (가)시와 (나)시 비교하고 느낌 말하기

(가) 봄눈	(나) 봄눈
새싹 돋는날 봄눈 내렸다. 몰래 내리려다 밭고랑에 빠졌다.	파릇파릇 새싹 돋는날 봄눈 내렸다. 몰래몰래 내리려다 밭고랑에 빠졌다.

『너를 만나고 싶다』 중 「봄눈」
(제해만 / 미리내)

부록 _ 7쪽

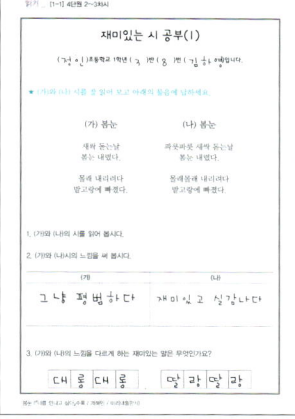 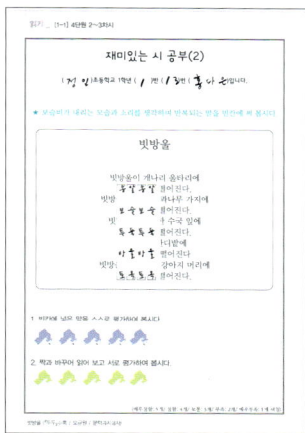

2. 반복되는 말을 넣어 시를 재미있게 표현해 보기

빗방울

빗방울이 개나리 울타리에
□□□□ 떨어진다.
빗방울이 어린 모과나무 가지에
□□□□ 떨어진다.
빗방울이 무성한 수국 잎에
□□□□ 떨어진다.
빗방울이 잔디밭에

□□□□ 떨어진다
빗방울이 현관 앞 강아지 머리에
□□□□ 떨어진다.

솝-솝-솝-솝 / 롭-롭-롭-롭
톱-톱-톱-톱 / 홉-홉-홉-홉
돕-돕-돕-돕

『두두』 중 「빗방울」
(오규원 / 문학과 지성사)

부록 _ 8쪽

[정리] 액자책 만들기

활동 목적

활동 2, 활동 3의 학습 결과물을 액자 책으로 만들어 보는 활동을 하여 학습의 보람을 느끼고 학습 환경 조성에도 유용하게 활용할 수 있다.

활동 방법

활동 2, 활동 3에서 학생들이 재미있게 바꾸어 쓴 시를 액자책 안의 흰색 종이에 옮겨 적도록 하고 완성된 작품은 교실에 게시한다.

① 정사각형 모양의 색지를 방석접기한다.

② 삼각형 모양을 1/2씩 두번 접어 4등분 한다.

③ 4등분한 것을 말아 접어 한 칸만 보이도록 한다.

④ 정사각형 모양의 흰색 종이를 (색지의 1/2 크기) 가운데 넣는다.

⑤ 풀칠하여 고정시킨다.

⑥ 완성

 이런 활동도 있어요

[심화활동 1] 시를 읽으며 재미있는 말 찾기

활동 목적

교과서 수록 작품 외에 다른 시 작품을 읽으며 반복되는 표현, 재미있는 표현을 찾아보는 활동이다.

활동 방법

① 박목월의 시 「느릿느릿 느림보」를 읽는다.
② 반복되는 표현, 재미있는 표현에 동그라미 표시한다.
③ 반복되는 표현, 재미있는 표현을 중심으로 느낀 점을 이야기 한다.

부록 _ 9쪽

[심화활동 2] 반복되는 말 이용하여 시 짓기

활동 목적

반복되는 말을 사용하여 직접 시를 지어보는 활동이다. 1학년 학생들이므로 본격적인 창작 활동이 아닌 시의 일부분 바꿔 쓰기, 시 흉내 내어 쓰기 정도의 수준으로 활동한다.

활동 방법

① 1~3차시에 배운 「구슬비」, 「오는 길」, 「아기의 대답」 중 한 편을 골라 일부분을 바꿔 쓰거나 다른 시 작품을 찾아 바꿔 쓴다.
② 시의 소재나 등장인물을 다르게 하여 다양하게 표현해 본다.
③ 학습 활동지에 시를 쓰고 어울리는 그림도 그려본다.
④ 활동을 끝낸 후 친구와 시를 바꿔 읽고 느낀 점을 이야기 한다.

부록 _ 10쪽

4차시
쪽수 _ 읽기 66~68쪽

괜찮아

 학습개요

1	시를 읽고, 반복되는 말이 주는 느낌을 알아봅시다.
2~3	반복되는 말의 재미를 살려 시를 읽어 봅시다.
4	글과 그림을 관련지으며 그림 동화를 읽어 봅시다.
5~6	글과 그림이 나타내는 뜻을 생각하며 그림 동화를 읽어 봅시다.

동기유발	★ 그림 동화가 좋아요
학습문제 제시	글과 그림을 관련지으며 그림 동화를 읽어 봅시다.
활동	♥ 글 따로 그림 따로 ♥ 글과 그림이 함께 ★ 글과 그림으로 만드는 동화책 – 주머니책 만들기
정리	♥ 그림 동화 읽는 방법 알아보기

♥ 교과서 관련 활동 / ★ 추가 제시 활동

 수업활동

[동기유발] 그림 동화가 좋아요

활동 목적

학생들이 그림 동화를 읽어 본 경험을 떠올리게 하면서 학습 문제를 자연스럽게 확인하도록 한다.

활동 방법

① 학교 또는 학급에서 선정한 1학년 권장 도서 중에서 그림 동화에 해당하는 것을 제시한다.
② 학생들은 한 명씩 자신이 읽은 그림 동화의 제목을 말한다. 중복하여 답변해도 좋다.
③ 교사는 칠판에 그림 동화의 제목을 쓰고 ○표를 하나씩 추가한다.
④ 친구들이 가장 많이 읽은 그림 동화가 무엇인지 알아본다.

(예) 1학년 ○반 친구들이 좋아하는 그림 동화

강아지똥	○○○○○○○○○○○○○○
프레드릭	○○○○
지각대장 존	○○○○○
무지개 물고기	○○○○○○○○○
팥죽 할멈과 호랑이	○○○○○○○

→ 권장 도서 목록은 학교, 학급 도서 목록을 활용한다.

→ 동기유발이므로 학생들에게 각자 읽은 그림 동화의 제목을 말해 보는 것으로 간단히 마쳐도 좋다.

■ 여러분이 읽었던 『강아지똥』, 『프레드릭』과 같이 글과 그림이 만들어내는 이야기를 '그림 동화' 라고 합니다. 이번 시간에는 글과 그림이 함께 있는 그림 동화를 어떻게 읽어야 할지에 대하여 공부하려고 합니다.

[학습문제 제시]

글과 그림을 관련지으며 그림 동화를 읽어 봅시다.

[활동 1] 글 따로 그림 따로

활동 목적

글과 그림을 관련지으며 그림 동화를 읽는 활동이다. 글이나 그림만 있는 경우와 글과 그림이 함께 있는 경우를 비교해 본다. 글이나 그림만 있는 경우 이야기의 내용을 완전하게 이해할 수 없다는 것을 깨달을 수 있다.

_49

괜찮아 (최숙희 / 웅진주니어)

부록_11쪽

활동 방법

① PPT자료 화면, 또는 학습 활동지로 교과서에 수록된 『괜찮아』의 그림 부분만 제시한다.

그림만 보고 이야기의 내용을 잘 알 수 있나요?
아이, 개미, 애벌레가 어떤 말을 할 지 생각해 보세요.

그림만 보고 이야기의 내용을 잘 알 수 있나요?
아이, 고슴도치, 사자가 어떤 말을 할 지 생각해 보세요.

② PPT자료 화면, 또는 학습 활동지로 교과서에 수록된 『괜찮아』의 글 부분만 제시한다.

부록_12쪽

개미는 작아

괜찮아!
영차영차
나는 힘이 세.

개미가 얼마나 작은지 잘 알 수 있나요?   개미가 얼마나 힘이 센 지 잘 알 수 있나요?

고슴도치는 가시가 많아	괜찮아! 뾰족뾰족 나는 무섭지 않아.
고슴도치의 가시가 어떻게 생겼는지 알 수 있나요?	고슴도치가 무엇이 무섭지 않은지 알 수 있나요?

[활동 2] 글과 그림이 함께

활동 목적

교과서의 글과 그림을 함께 보면서 그림 동화의 내용을 파악하는 활동이다.

활동 방법

→ 교과서에 수록된 그림 동화를 학생 각자 읽는 것도 좋지만, 실물화상기나 PPT자료를 활용하여 반 전체 학생이 함께 그림 동화를 소리 내어 읽는 것이 더욱 재미있는 수업이 될 것이다.

① 교과서에 수록된 『괜찮아』를 읽는다.

- 그림에서 개미는 얼마나 작은가요?

  (아이보다, 애벌레보다 훨씬 작습니다.)

- 그림에서 애벌레는 무엇을 보고 깜짝 놀랐나요?

  (개미가 자기 몸보다 훨씬 더 큰 나뭇잎을 물고 가는 것을 보고 놀랐습니다.)

- 아이는 고슴도치를 보고 무엇이라고 말하였나요?

　(가시가 많다고 하였습니다.)

- 그림에서 고슴도치의 가시가 어떻게 생겼나요?

　(고슴도치의 온 몸을 덮고 있습니다. 가시가 무척 뾰족합니다.)

- 그림에서 고슴도치가 무섭지 않다고 한 것은 무엇입니까?

　(사자입니다. / 이빨이 무시무시하게 생긴 사자입니다.)

- 그림에서 사자는 어떤 표정을 지었나요?

　(고슴도치의 가시에 찔려 아픈 표정을 짓고 있습니다.)

② 글과 그림을 관련지으며 『괜찮아』를 읽는다.

- 개미는 무엇이 괜찮다고 하였나요?

　(몸집이 작지만 힘이 세기 때문에 괜찮다고 하였습니다.)

- 고슴도치는 무엇이 괜찮다고 하였나요?

　(가시가 많지만 사자도 물리칠 수 있으므로 괜찮다고 하였습니다.)

- 글 따로 그림 따로 있을 때와 글과 그림이 함께 있을 때, 둘 중 어떤 경우에 이야기의 내용을 더 잘 이해할 수 있었나요?

　(글과 그림이 함께 있을 때 이야기를 더 잘 이해할 수 있었습니다.)

[활동 3] 글과 그림으로 만드는 동화책 - 주머니책 만들기

활동 목적

　그림 동화에는 글이 전달하는 내용이 있고 그림이 표현하는 내용이 있다. 즉 글과 그림은 상호 보완적인 관계에 있어서 어느 한쪽만으로는 이야기의 내용을 온전히 전달할 수 없다. OHP용지를 이용한 주머니책 만들기를 통해 글과 그림의 상호 보완적 관계를 이해하고 글과 그림을 관련지어 읽을 수 있다.

활동 방법

1. 주머니책 틀 만들기

① 주머니책 틀은 교사가 미리 접어 모둠에 1개씩 나누어 준다.

→ 4명을 한 모둠으로 구성하여, 한 사람이 한 장면을 완성한다.

8절 크기의 색지를 가로로 길게 자른다.

위에서 1cm, 아래에서 2cm정도를 접는다.

4등분 접기 한 후 계단 모양으로 접는다.

접은 것을 세우면 주머니책 틀이 완성 된다.

2. 글과 그림 만들기

① 모둠원(4명)은 교과서에 제시된 『괜찮아』의 그림 4컷 중 자신이 따라 그리고 싶은 그림을 서로 겹치지 않도록 선택한다.

② 가로, 세로 10cm 크기의 종이에 그림책의 그림을 따라 그린다.

③ 그림 크기와 같은 투명한 OHP용지를 나누어 준다.

④ 그림과의 어울림을 생각하며 OHP용지에 글(내용)을 네임펜으로 적는다.

⑤ 그림 위에 글(내용)을 적은 OHP용지를 덧대어 글과 그림을 합친다.

⑥ 주머니 안에 글과 그림 합친 것을 넣어 주머니책을 완성한다.

→ 그림은 세밀하게 따라 그리면 시간이 많이 걸리므로 연필로 윤곽만 그려 보도록 한다.

가로, 세로 10cm의 종이에 그림을 따라 그린다.

그림의 위치를 생각하며 같은 크기의 OHP 용지에 네임펜으로 글을 쓴다.

→ 흰종이에 그림을 그리고, 투명 OHP용지에 글을 쓴 후 글과 그림을 합친다.

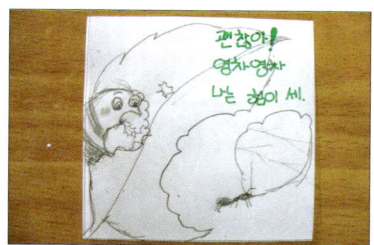
그림(종이)와 글(OHP용지)을 합친 모습

글과 그림을 넣어 주머니책 완성

3. 주머니책의 다른 활용 방법

- 활용 방법 1. 그림 4장을 카드 형태로 활용하는 방법으로, 섞여있는 그림카드를 이야기 순서에 맞게 차례대로 맞추고 내용을 간추려 말한다.
- 활용 방법 2. OHP용지를 사용하지 않고 주머니 부분에 글을 쓴 후, 글과 어울리는 그림을 찾아 주머니 안에 넣기

그림카드를 차례대로 맞추고 이야기 내용에 맞게 말하기

글과 어울리는 그림을 찾아 주머니 안에 넣기

[정리] 그림 동화 읽는 방법 알아보기

글과 그림이 나타내는 뜻을 생각하며 읽는다.
- 글을 통해 알 수 있는 내용이 있고 그림을 통해 알 수 있는 내용이 있다는 것을 이해한다.

 참고자료

[그림 동화의 개념]

아동문학의 이해
(신헌재 · 권혁준 · 곽춘옥 / 박이정)

그림의 비중이 크고 글이 비교적 적은 글로 구성된 책, 혹은 글이 전혀 없고 그림만으로 정보나 이야기를 구성하는 책을 통틀어 그림책(picture book)이라 한다.

그러므로 그림책의 종류를 내용별로 분류하자면 너무도 다양한 하위 구분이 필요할 것이다. 현재 출판되는 그림책의 종류는 대체로 '이야기 그림책', 생물 도감이나 사물의 이름, 개념 등을 설명하는 '정보 그림책', '숫자 공부책', 한글이나 알파벳을 익히기 위한 '글자 익히기책', '장난감책(토이북)' 따위를 들 수 있다. 이 가운데 '이야기 그림책'을 제외한 다른 그림책은 문학 작품으로 볼 수 없기 때문에 아동 문학의 갈래에 포함시킬 수 없다. 그러므로 이런 다양한 그림책 가운데 아동 문학의 범주에 포함시킬 수 있는 것만을 구분해 내어 따로 이름을 붙여 줄 필요가 있다.

우선 문학으로 성립하기 위해서는 문학성을 갖추어야 하는데, 그림책 가운데 '이

야기 그림책'은 서사성과 픽션을 갖추고 있기 때문에 아동문학의 범주에 포함시킬 수 있다. 이렇게 글과 그림이 상호 작용을 하면서 서사 구조를 형성하는 이야기 그림책을 '그림 동화'라 한다. 즉, 그림 동화는 동화와는 다른 특성과 독자성을 지니고 있는 아동문학의 독립된 한 장르로 인정해야 한다.

[그림 동화의 교육적 가치]

- 책과 문자의 세계로 안내하는 길잡이가 된다.
- 즐거움과 호기심을 충족시켜준다.
- 듣기 태도와 능력을 길러준다.
- 자연스럽게 바른 인성을 기를 수 있다.
- 언어와 인지 발달에 효과적이다.
- 예술적 심미안을 길러준다.
- 상상력의 발달을 돕는다.

[그림의 비중에 따른 동화의 유형]

1. 글 없는 그림 동화

글이 없이 그림만으로 이야기를 펼쳐나가는 그림 동화이다. 그림만으로 이야기가 진행되기 때문에 독자의 상상력을 자극한다. 글 없는 그림책은 글을 모르는 유아들에게 적절하나 그림 동화에서 다루는 주제에 따라 독자는 달라질 수 있다. 작가가 책을 쓸 때 글자를 같이 쓰지 않기 때문에 표현상의 제한점이 있지만 그림의 효과를 최대한 살릴 수 있는 장점도 있다.

① 류재수 그림, 신동일 작곡(2001), 노란우산, 보림.

글이 전혀 없이 그림만으로 서사적인 흐름을 이끌어 가고 있는 그림 동화이다. 칙칙하고 어두운 날을 배경으로 하고 시각적 효과가 뛰어난 노란 우산을 중심으로 구성되어지는 이야기가 독특한 책이다. 아울러 이 책은 글을 대신하여 음악이라는 예술이 그림과 결합하여 비오는 날 우산을 쓰고 학교 가는 과정을 새롭고 풍성한 이야기—소리를 활용하여 이야기를 형성하는 힘—로 구성하는 새로운 시도가 돋보인다.

② 레이먼드 브릭스 그림(1997), 눈사람아저씨, 마루벌.

눈사람 아저씨와 밤새 즐거운 여행을 하는 소년의 이야기를, 만화처럼 배열하여 꾸며낸 동화이다. 둥글고 부드러운 곡선과 파스텔 톤의 은은한 색조를 사용하여 소년과 눈사람의 따뜻한 우정을 효과적으로 표현하고 있다.

③ 니콜라이 포포포 그림(1997), 왜?, 현암사.

들판에 핀 한송이 꽃을 들고 있는 개구리와 우산을 들고 땅 속에서 나타난 생쥐가 주인공인데, 생쥐는 개구리가 가진 것을 힘으로 빼앗으려 하여 싸움이 시작된다. 전쟁의 시작과 끝을 갈색과 연두색의 낯은 채도로 표현하고 있어 전쟁이 가져다주는 상처를 효과적으로 암시하고 있다.

④ 가브리엘 뱅상 그림(2003), 떠돌이 개, 열린책들.

목탄으로 그린 흑백 그림의 전체적인 분위기가 버림받고 떠도는 개의 심정을 그대로 묘사하고 있다. 간결한 선 몇 개로 떠돌이 개의 심리와 분위기를 묘사하는 화가의 솜씨가 놀랍다.

⑤ 에릭 로만 그림(2001), 이상한 자연사 박물관, 미래아이.

비바람을 피해 자연사 박물관을 날아든 새 한 마리가 공룡 화석 사이에서 놀고 있는데, 천둥 번개가 치면서 공룡화석은 살아있는 공룡으로 변하고 주변은 풀과 나무가 살아나는 판타지 세계가 된다.

2. 그림의 비중이 큰 동화

대부분의 그림 동화는 글에 비해 그림의 비중이 훨씬 크다. 글과 그림이 상호작용을 하면서 서사구조를 펼쳐나가는 그림 동화의 본질을 가장 잘 구현하는 형식으로 독자는 글과 그림을 왕래하면서 서사성과 예술성을 충분히 맛볼 수 있다.

① 모리스 센닥 글·그림(2002), 괴물들이 사는 나라, 시공주니어.

그림 동화의 고전이며 교과서로 꼽히는 작품이다. 글은 최소한의 정보만 제공하고 있으며, 인물의 성격, 사건이 펼쳐지는 시·공간적 배경, 사건 전개의 복선 따위가 모두 그림으로 제시되어 있다. 주인공 맥스의 여정은 어른의 통제나 억압, 그리고 놀이의 상대가 없는 고독한 학생이 판타지 세계로 떠나, 내면 여행을 충분히 즐긴 뒤 마음에 쌓인 갈등을 극복하고 다시 현실 세계로 돌아오는 장면을 담고 있다.

② 애즈러 잭 키츠 글·그림(1999), 휘파람을 불어요, 시공주니어.

몬드리안의 그림을 연상시키듯 면 분할을 통해 고립되고 소외된 아이의 마음을 구체적인 상황을 제시하며 드러내고 있다. 같이 놀 동무가 없어 심심해하는 아이, 동무를 얻기 위해 휘파람을 불고자 간절히 원하는 모습을 통해 감춰진 아이들 심리를 낱낱이 보여준다.

③ 김재홍 글·그림(2000), 동강의 아이들, 길벗어린이.

산골에 살고 있는 두 남매가 장에 나간 엄마가 오기를 기다리며 하루 종일 강가에서 노는 모습을 담고 있다. 강물에 비친 산과 바위, 물가의 모래밭을 자세히 살펴보면 그림 속에 또 다른 그림이 숨어 있는 것을 발견하는 놀라운 경험을 할 수 있는데 숨겨진 그림은 외롭고 고독한 학생의 내면세계를 효과적으로 보여주는 구실을 하고 있다.

④ 이억배 글·그림(1995), 솔이의 추석이야기, 길벗어린이.

도시에 사는 솔이네 가족이 추석 명절을 지내며 일어나는 이야기를 담은 그림 동화이다. 추석 전날 거리의 풍경, 차가 밀리는 고속도로의 모습, 차례와 성묘 행렬 따위의 우리 명절 풍경을 사실적으로 재현해 내어 독자들은 그림을 찬찬히 읽으며 자기의 경험과 관련된 많은 이야기거리를 찾아낼 수 있다.

3. 글의 비중이 큰 동화

거의 모든 지면에 그림이 풍부히 제시되어 있지만 글도 상당한 정도의 비중을 차지하고 있는 그림 동화를 말한다. 문장의 길이도 더 길어지고, 서사구조도 더 풍부해지며, 이야기가 비교적 길어지는 특징이 있다. 글 읽기가 어느 정도 능숙해진 독자는 글의 비중이 큰 그림 동화를 읽으면서 독해력을 기를 수 있다.

① 윌리엄 스타이그 글·그림(1996), 생쥐와 고래, 다산기획.

육지 동물인 쥐와 바다 동물인 고래의 애절한 사랑과 우정 이야기가 펼쳐진다. 화면을 위, 아래로 분할하여 위에는 글을 쓰고 아래는 그림을 그리는 구도로 구성하여 바다의 이미지를 위치를 통해 효과적으로 보여 주고 있다.

② 비아트릭스 포터 글·그림(1999), 피터 래빗 이야기, 한국 프뢰벨.

호기심 많고 장난꾸러기이며, 자신의 세계를 찾겠다며 엄마의 말도 잘 듣지 않는 아기 토끼 피터의 모습은 학생들의 전형적인 모습이어서 독자에게 사랑을 받고 흥미를 불러 일으킨다.

③ 마리 루이스 피츠패트릭 글·그림(2004), 인디언의 선물, 두레아이들.

1847년 촉토 인디언의 일상생활을 보여주며 그들이 추구하는 진정한 삶이 무엇이고 인간다움이 무엇인가에 대한 진지한 성찰을 거듭나게 하는 이야기이다. 인디언 소녀 추나와 증조할머니가 나누는 이야기로 세상을 살아가는 법을 말하고 억압과 고통에 맞서는 방법을 잔잔하게 들려준다.

④ 로버트 먼치 글·마이클 마르첸코 그림(1998), 종이 봉지 공주, 비룡소.

안데르센의 동화 『돼지치기 소년』을 페미니즘 시각에서 현대적으로 뒤집은 동화로 건강하고 아름다운 성에 대해 탐색하고 있다. 현대 자본주의 사회에서 불변의 가치로 자리 잡은 여성의 아름다움-외적인 아름다움-이 과연 올바른가 이 작품은 묻고 있다.

⑤ 사노 요코 글·그림(2002), 100만번 산 고양이, 비룡소.

일본 전국 학교 도서관 선정 도서로 『Horn Book』은 "불교의 환생과 서구풍의 낭만적인 사랑의 혼성곡, 수채화 기법으로 유머있게 고양이를 그려내고 있다"고 평하고 있다. 100만 번이나 죽고 다시 100만 번이나 태어난 고양이가 누군가의 사랑을 받기 만하던 수동적인 존재가 아닌 자기 자신의 삶을 인식하고 누군가를 사랑하게 되면서 진정 아름답고 가치 있는 삶이 무엇인가를 깨닫는 과정이 감동적으로 그려져 있다.

5~6차시

쪽수 _ 읽기 69~72쪽

괜찮아

 학습개요

1	시를 읽고, 반복되는 말이 주는 느낌을 알아봅시다.
2~3	반복되는 말의 재미를 살려 시를 읽어 봅시다.
4	글과 그림을 관련지으며 그림 동화를 읽어 봅시다.
5~6	글과 그림이 나타내는 뜻을 생각하며 그림 동화를 읽어 봅시다.

| 전시학습복습 | ★ 글과 그림 관련짓기 |

⬇

| 학습문제 제시 | 글과 그림이 나타내는 뜻을 생각하며 그림 동화를 읽어 봅시다. |

⬇

| 활동 | ♥ 『괜찮아』 이어서 읽고, 물음에 답하기
♥ 팝업책으로 꾸미는 '내가 그림 동화 주인공'
♥ 내가 그림 동화 작가라면? |

⬇

| 정리 | ★ 『괜찮아』 노래 부르기 |

♥ 교과서 관련 활동 / ★ 추가 제시 활동

 수업활동

[전시학습복습] 글과 그림 관련짓기

활동 목적

전 시간에 활용한 학습 자료를 활용하여 글과 그림의 상호보완적 관계를 떠올리게 한다.

활동 방법

① 전 시간에 모둠별로 만든 주머니책의 그림 또는 글만 보여준다.
② 글과 그림을 함께 넣은 주머니책을 보여 준다.
③ 글과 그림이 함께 있을 때 내용을 쉽고 재미있게 이해할 수 있었음을 떠올린다.

그림만 있는 이야기

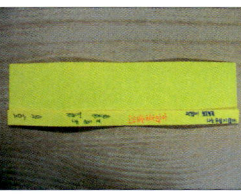
글만 있는 이야기

글과 그림이 함께 있는 그림 동화

[학습문제 제시]

글과 그림이 나타내는 뜻을 생각하며 그림 동화를 읽어 봅시다.

[활동 1] 『괜찮아』 이어서 읽고, 물음에 답하기

활동 목적

전 차시에 이어 『괜찮아』의 뒷부분을 읽는다. 글이 담고 있는 내용과 그림이 표현하고 있는 내용을 관련지으며 읽는다. 특히 □로 비워놓은 글 부분에 어떤 내용이 들어갈지 그림의 내용을 통해 유추해 내도록 한다.

[활동 2] 팝업책으로 꾸미는 '내가 그림 동화 주인공'

활동 목적

『괜찮아』 마지막 장면의 그림과 글을 바꾸어 표현해 보는 활동이다. 그림과 글을 관련지어 표현하면서 자신이 그림 동화 속 인물이 되는 재미를 마음껏 느낄 수 있다.

괜찮아 (최숙희 / 웅진주니어)

준비물 _ B5 크기의 두꺼운 색지
B5 크기의 흰색 도화지
색연필, 싸인펜, 풀, 가위

활동 방법

1. 팝업책 만들기

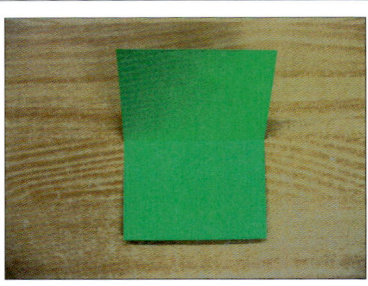

B5 크기의 색지를 준비하여 색지를 반으로 접는다.

막혀있는 쪽에서 약 3cm 정도 선을 두 개 그어준 후 가위로 자른다.

가위로 자른 부분을 꺾어 접는다.

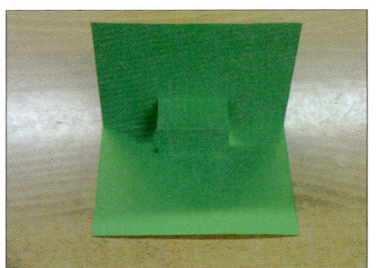

종이를 펴서 꺾어 접은 부분이 튀어나오도록 입체로 세운다.

2. 팝업책 완성하기

① 내가 무엇을 잘 하는지 글로 표현할 내용을 생각한다.

② 글의 내용과 어울리는 그림을 떠올린다.

③ B5 크기(종합장 크기)의 흰색 도화지에 글을 적고 그림을 그린다.

④ 글부분과 그림부분을 분리하여 오린다.

⑤ 팝업책 틀의 팝업부분에 그림을, 바닥 부분에 글을 붙인다.

⑥ 교실에 전시하고, 친구와 나의 작품을 비교하며 감상한다.

내가 잘 하는 것을 생각하여 글과 그림으로 나타낸다.

글 부분과 그림 부분을 분리하여 오린다.

팝업책 틀의 팝업 부분에 그림을, 바닥 면에 글을 붙인다.

팝업책 형태로 만든 그림 동화 완성

[활동 3] 내가 그림 동화 작가라면?

활동 목적

『괜찮아』에 등장하는 동물은 개미, 고슴도치, 뱀, 타조, 기린이다. 교과서에는 뱀과 기린이 등장하는 부분이 빠져 있다. 뱀과 기린이 등장하는 부분을 그림만 제시한 후 학생들이 상상하여 글을 채워 넣도록 한다.

활동 방법

① 뱀과 기린이 등장하는 부분의 그림(글 내용은 삭제)을 제시한 학습 활동지를 나누어 준다.
② 그림이 나타내는 뜻을 생각하며 내가 그림 동화 작가라면 어떤 글을 썼을지 생각해 본다.
③ 학습 활동지의 빈 칸을 채우고 친구의 글과 서로 바꾸어보거나 발표한다.
④ 활동이 끝난 후 원작 그림 동화를 찾아 읽고 나의 생각과 비교해 본다.

부록 _ 13쪽

[정리] 『괜찮아』 노래 부르기

① 그림 동화의 내용을 노래로 제작한 『괜찮아』를 들려준다.
② 노래를 들으며 글과 그림의 내용을 떠올린다.

괜찮아 CD 자료

 참고자료

[최숙희 작가의 다른 그림 동화]

　최숙희 작가의 다른 작품 『나도 나도』와 『누구 그림자일까』를 소개한다. 『나도 나도』와 『누구 그림자일까』는 교과서에 수록된 『괜찮아』를 대신하여 글과 그림을 관련지으며 그림 동화 읽기 수업에 활용할 수 있다. 최숙희 작가의 그림 동화는 그림의 색채가 선명하고 글이 간결하며 등장인물이 저마다의 개성을 가지고 생동감있게 표현되어 있다. 어린이의 시각에서 세상을 바라보고 소통하면서 어린이의 호기심을 충족시켜주는 이야기들이 재미있고 따스하다.

나도 나도
(최숙희 / 웅진주니어)

얼룩말, 종달새, 판다, 개구리, 원숭이, 토끼, 고양이가 잘 하는 것을 아이가 따라합니다. 그리고 아이는 동물들 앞에서 자신이 잘 하는 것을 보여 줍니다. 엄마는 꼭 끌어 안고 뽀뽀를 하는 것이지요. 이제는 다른 동물들이 아이를 따라 엄마에게 뽀뽀를 합니다.

수업 활용 방안
- 글과 그림을 관련지으며 그림 동화 읽기
- 그림 속 동물의 소리나 몸짓을 흉내 낸 말 찾아보기
- 동물들의 소리나 몸짓 흉내 내기

부록 _ 14쪽

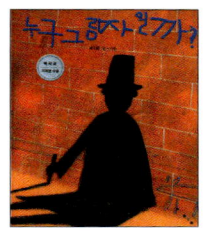

누구 그림자일까?
(최숙희 / 웅진주니어)

우산, 안경, 장화, 털모자, 꽃병, 부채, 사과 모양처럼 보이는 검은 물체들이 사실은 박쥐, 뱀, 불독, 곰, 문어와 불가사리, 공작새 등의 동물들이 만들어낸 그림자임을 보여줍니다. 책장을 한 장씩 넘기며 누구 그림자일까 알아맞히는 과정에서 학생들은 마음껏 상상력을 발휘하게 됩니다.

수업 활용 방안
- 글과 그림을 관련지으며 그림 동화 읽기
- 그림 동화 속의 그림자 모양을 보고 누가 만들어낸 것일지 알아맞히기
- 그림자를 보고 그림자의 주인공 상상하여 표현하기

부록 _ 15쪽

_63

[1, 2학년 학생들을 위한 그림 동화]

저학년 학생들을 위한 그림 동화는 그림과 글 중 그림의 비중이 많고 이야기의 주제가 어렵지 않은 것이 좋습니다. 의인화된 동물들이 등장하여 친근한 것이나 학생들의 생활 모습과 사고, 감정을 담은 것, 기발한 상상력이 재미를 주면서도 학생들의 공감을 이끌어낼 수 있는 작품들이 좋습니다.

순서	도서명	지은이	출판사
1	강아지똥	권정생	길벗어린이
2	황소 아저씨	권정생	길벗어린이
3	훨훨 간다	권정생	국민서관
4	개구리네 한솥밥	백석	보림
5	모기와 황소	현동염	길벗어린이
6	누구야 누구	심조원	보리
7	솔이의 추석이야기	이억배	길벗어린이
8	세상에서 제일 힘센 수탉	이호백	재미마주
9	큰 손 할머니의 만두 만들기	채인선	재미마주
10	반쪽이	이미애	보림
11	이야기 주머니	이억배	보림
12	사윗감 찾아나선 두더지	김향금	보림
13	줄줄이 꿴 호랑이	권문희	사계절
14	팥죽 할멈과 호랑이	서정오	보리
15	해치와 괴물 사형제	한병호	길벗어린이
16	재주 많은 다섯 형제	양재홍	보림
17	해와 달이 된 오누이	이규희	보림
18	아카시아 파마(국시꼬랭이 동네 시리즈)	이춘희	언어세상
19	쪽빛을 찾아서(솔거나라 전통문화 시리즈)	유애로	보림
20	그림자는 내 친구(천동거인 과학 그림책 시리즈)	박정선	천동거인
21	지각대장 존	버닝햄	비룡소
22	깃털 없는 기러기 보르카	버닝햄	웅진닷컴
23	프레드릭	레오리오니	시공주니어
24	으뜸헤엄이	레오리오니	마루벌
25	파랑이와 노랑이	레오리오니	물구나무

26	고릴라	앤서니 브라운	비룡소
27	돼지책	앤서니 브라운	웅진주니어
28	도서관	데이비드 스몰	시공주니어
29	리디아의 정원	사라 스튜어트	시공주니어
30	장갑	에우게니 M 라초프	다산기획
31	마들렌카	피터 시스	베틀북
32	따로 따로 행복하게	베빗 콜	보리
33	아름다운 책	클로드 부종	비룡소
34	피아노 치기는 지겨워	다비드 칼리	비룡소
35	책 읽기 좋아하는 할머니	존 윈치	파랑새
36	우체부 아저씨의 비밀 편지	앨렌 앨버그	미래아이
37	달사람	토미 웅거러	시공주니어
38	나무는 좋다	마르크 시몽	시공주니어
39	눈사람 아저씨	레이먼드 브릭스	마루벌
40	이상한 화요일	레이먼드 브릭스	비룡소
41	구름 공항	레이먼드 브릭스	중앙출판사
42	도서관에 간 사자	미셸 누드슨	홍연미
43	아저씨 우산	사노 요코	비룡소
44	종이 봉지 공주	로버트 문치	비룡소
45	엄마가 알을 낳았대!	배빗 콜	보림
46	난 커다란 털복숭이 곰이다	야노쉬	시공주니어
47	우리 선생님이 최고야	캐빈 헹크스	비룡소
48	우당탕탕 할머니 귀가 커졌어요	엘리자베트 슈티메르트	비룡소
49	도깨비를 빨아버린 우리 엄마	사토 와키코	한림
50	요셉의 작고 낡은 오버코드가…?	심스 태백	베틀북

[그림 동화 플래시 CD 자료 『국시꼬랭이 동네』 시리즈]

『국시꼬랭이 동네』는 우리 학생들의 생활과 문화를 담은 그림 동화입니다. 조부모 또는 부모 세대가 어린 시절에 겪은 일과 놀이, 풍습, 전통, 가치관들을 아기자기하고 따스한 감성의 그림 동화로 재현하였습니다. 『국시꼬랭이 동네』는 그림 동화와 함께 전 작품이 플래시 CD로 제작되어 부모나 교사가 직접 읽어주는 것만큼이나 학생들에게 그림 동화 읽기의 즐거움을 느끼게 해 줍니다.

국시꼬랭이 동네 (이춘희 / 사파리)

1학년 1학기 6단원

느낌이 솔솔

1차시   여러 가지 흉내 내는 말을 알아보기
2차시   흉내 내는 말의 종류를 알아보기
3차시   노래를 듣고, 흉내 내는 말을 찾아 다른 말로 바꾸어 보기
4차시   흉내 내는 말을 찾아 가사를 바꾸어 불러 보기

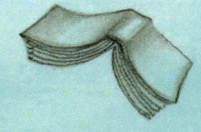

듣기·말하기

흉내 내는 말의 뜻과 종류를 알아보고, 흉내 내는 말을 넣어 재미있게 말하여 봅시다.

단원 소개

이 단원은 학생들에게 친숙한 동요를 통하여 흉내 내는 말의 뜻과 종류를 알아보고, 흉내 내는 말을 넣어 재미있게 말할 수 있는 능력을 기르기 위해 설정되었다. 이를 위해 흉내 내는 말의 느낌과 재미를 학생들이 구체적인 체험을 통해 이해할 수 있도록 율동이나 그리기 활동을 적극 활용하였다. 그리고 흉내 내는 말에 대한 학생의 다양한 반응을 교사가 적극적으로 수용하여 학습자의 표현력을 향상시키고 학습에 대한 자신감을 가질수 있도록 하였다. 밝고 따라 부르기 쉬운 노래를 다양하게 추가 안내하여 학생들이 흉내 내는 말의 재미를 느낄 수 있도록 하였고, 흉내 내는 말을 바꾸어 표현하도록 함으로써 학생들의 언어 활용 경험이 창의적이고 풍부해지도록 하였다.

제재 분석

「뒤뚱뒤뚱 아기오리」, 「이슬 열매」, 「작은 동물원」 등은 뒤뚱거리며 걷는 아기 오리의 모습과 새벽에 맺히는 이슬의 모습, 그리고 각종 동물들의 소리나 모습을 여러 가지 흉내 내는 말을 통해서 재미있게 표현한 동요이다. 학생들은 밝고 경쾌한 노래 분위기와 단순하고 익숙한 리듬을 통해 제재곡을 쉽게 익히고 흉내 내는 말이 주는 말의 재미를 쉽게 느낄 수 있다.

교과서 단원 구성

차시	교과서 쪽수	차시 문제	교과서 학습활동
1	듣말 70~71	여러 가지 흉내 내는 말을 알아봅시다.	1. 일상 생활 속에서 들을 수 있는 소리 상상하기 2. 들려주는 소리를 듣고 흉내 내는 말로 말해보기
2	듣말 72~75	흉내 내는 말의 종류를 알아봅시다.	1. 〈보기〉에서 모습이나 움직임을 흉내 내는 말 찾아적기 2. 「뒤뚱뒤뚱 아기 오리」 다시 듣고 오리 모습이나 소리 흉내 내기 3. 노래에 나오는 흉내 내는 말 찾아 말하기 4. 연못가의 동물 모습 흉내 내어 보기 5. 연못가 동물들의 모습이나 움직임, 소리를 흉내 내는 말 적어보기
3	듣말 76~79	노래를 듣고, 흉내 내는 말을 찾아 다른 말로 바꾸어 봅시다.	1. 이슬의 모습 상상하기 2. 흉내 내는 말을 생각하며 「이슬 열매」 듣기 3. 「이슬 열매」 다시 듣고 상상한 이슬의 모습 그리기 4. 자신이 그린 이슬 그림을 보며 모습이나 움직임을 흉내 내는 말을 넣어 말하기 5. 「이슬 열매」의 흉내 내는 말 바꾸어 부르기
4	듣말 80	흉내 내는 말을 바꾸어 노래를 불러 봅시다.	1. 「작은 동물원」 노래 듣고 동물의 모습, 움직임, 소리 흉내 내어 보기 2. 「작은 동물원」 다시 듣고, 흉내 내는 말 찾아 말하기 3. 흉내 내는 말을 넣어 바꾸어 부르기

1차시

쪽수 _ 듣기·말하기 70 ~ 71쪽

멋쟁이 토마토

 학습개요

1	여러 가지 흉내 내는 말을 알아봅시다.
2	흉내 내는 말의 종류를 알아봅시다.
3	노래를 듣고, 흉내 내는 말을 찾아 다른 말로 바꾸어 봅시다.
4	흉내 내는 말을 바꾸어 노래를 불러 봅시다.

동기유발	★ 「멋쟁이 토마토」 가사 속에 흉내 내는 말을 찾아보고 선물 상자 속 낱말카드 공개하기 ★ 눈 감고 주변에서 들리는 3가지 소리 찾기
학습문제 제시	여러 가지 흉내 내는 말을 알아봅시다.
활동	♥ 그림을 보고 길거리에서 들을 수 있는 소리 상상하여 말하기 ♥ 그림을 보며 선생님이 들려주는 소리 듣고 흉내 내는 말로 바꾸어 말하기 ♥ 전래동요, 어린이시, 동시를 듣고 흉내 내는 말 찾아보기 ♥ 설명을 듣고 흉내 내는 말 찾기
정리	★ 흉내 내는 말을 넣어 문장 완성하기 놀이 ★ 흉내 내는 말을 넣어 친구 칭찬해 주기

[심화활동] 도서관에서 흉내 내는 말이 있는 책을 찾아 친구들에게 읽어주기

♥ 교과서 관련 활동 / ★ 추가 제시 활동

 수업활동

[동기유발 1] 「멋쟁이 토마토」 가사 속에 흉내 내는 말을 찾아보고 선물 상자 속 낱말카드 공개하기

활동 목적

선물에 대한 기대감을 이용하여 수업 시작 전에 학생들을 집중시킨다. 그리고 학생들이 「멋쟁이 토마토」를 같이 따라 불러보면서 흉내 내는 말과 친숙해 질 수 있도록 한다. 또한 선물 상자 속에 선물(낱말카드)를 보여주면서 자연스럽게 흉내 내는 말을 익힐 수 있다.

활동 방법

① 선물 상자를 보여준다.
② "선물 상자 안에 무엇이 있을까요?" 등과 같은 내용으로 발문한다.
③ 학생들이 선물 상자 안에 무엇이 들어있는지 맞혀보게 한다.
④ TV화면에 「멋쟁이 토마토」 가사를 보여주고 함께 노래를 부른다.
⑤ "「멋쟁이 토마토」 노래가사 중에서 토마토를 재미있게 표현한 말이 무엇이 있었나요?"와 같은 내용으로 발문한다.
⑥ 학생이 선물 상자 속 낱말카드의 내용을 발표하면, 낱말카드를 상자 속에서 꺼내서 칠판에 자석을 이용하여 붙인다.
⑦ 칠판에 붙인 낱말카드를 보면서 학생들에게 "사물의 모양이나 소리를 표현한, 이와 같은 말을 무엇이라고 하나요?"와 같은 발문을 통해서 수업목표에 접근한다.

멋쟁이 토마토 (김영광 작사 / 작곡)

> 여기서 잠깐
>
> 선물 상자는 교사가 수업 시작 전에 가지고 있다가 보여주는 방법도 있지만 수업 시작과 동시에 다른 사람(전담교사 등)이 교실로 선물 상자를 가져다 주면서 학생들에게 제시하는 방법도 있다. 그리고 낱말카드 뒤에 초콜릿이나 사탕을 붙여서 학생들에게 선물로 보여주어 수업에 대한 흥미를 높일 수 있다.

[동기유발 2] 눈 감고 주변에서 들리는 3가지 소리 찾기

활동 목적

수업을 시작하기 전에 주의를 집중시키고 주변에 들리는 소리가 무엇인지 찾아볼 수 있도록 한다.

활동 방법

① 학생들의 전부 눈을 감게 한다.
② 지금 교실에서 들리는 소리를 3가지 정도 찾아 본다.
③ 교실에서 들린 소리를 학생이 발표해 볼 수 있게 한다.

[학습문제 제시]
여러 가지 흉내 내는 말을 알아봅시다.

듣기·말하기(1-1) 70p

[활동 1] 그림을 보고 길거리에서 들을 수 있는 소리 상상하여 말하기

활동 방법

① 눈을 감고 길거리에서 들을 수 있는 소리를 상상한다.
② 길거리에서 들을 수 있는 소리에 대해서 말해본다.

[활동 2] 그림을 보며 선생님이 들려주는 소리 듣고 흉내 내는 말로 바꾸어 말하기

활동 방법

① 학생들에게 길거리에서 들을 수 있는 소리를 들려준다.
② 들은 소리를 흉내 내는 말로 바꾸어 말하게 한다.

[활동 3] 전래동요, 어린이시, 동시를 듣고 흉내 내는 말 찾아보기

활동 목적

전래동요, 어린이시, 동시를 읽고 흉내 내는 말을 찾아 말하여 봄으로써 흉내 내는 말을 다양하게 익힐 수 있다.

활동 방법

① 전래동요, 동시, 어린이시를 TV화면에 보여준다.
② 전래동요의 경우에는 노래를 들려주고, 동시나 어린이 시는 교사가 낭송하여 준다.
③ 학생들에게 학습 활동지를 나누어주고 흉내 내는 말을 찾아 ○로 표시하게 한다.
④ 모둠원끼리 서로 찾은 흉내 내는 말을 말하게 한다.

부록 _ 16쪽

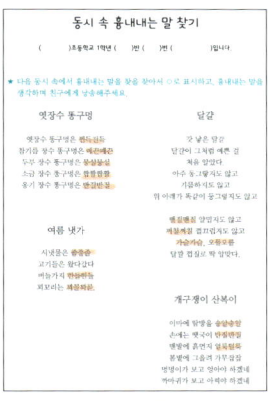
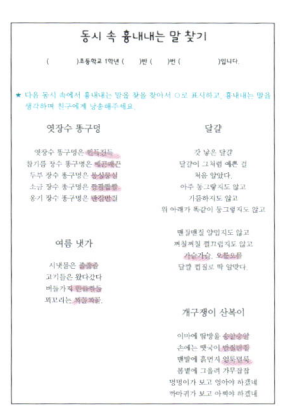

[활동 4] 설명을 듣고 흉내 내는 말 찾기

활동 목적

교과서에 제시된 흉내 내는 말은 제한되어있다. 그리고 수업 시간 동안 교사가 들려주는 소리를 찾거나 교과서 그림을 보고 흉내 내는 말도 바꾸어 적는 소극적인 활동으로 구성되어 있다. 이를 보완하기 위해 학생들을 흉내 내는 말에 좀 더 많이 노출시키면서 학습에 적극적으로 참여하도록 놀이 활동을 소개한다.

부록 _ 17쪽

활동 방법

① 흉내 내는 말이 적힌 낱말카드를 책상 위에 펼쳐놓는다.
② 교사가 흉내 내는 말을 설명하면 펼쳐진 낱말카드 중 해당하는 낱말카드를 제일 먼저 줍는 사람이 그 카드를 가진다.
③ 낱말카드를 가져가는 사람은 그 카드를 모둠 친구들에게 한번 읽어 준 후 자신이 가져간다.
④ 낱말카드를 전부 나누어 가질 때까지 반복하고, 낱말카드를 가장 많이 가진 사람이 이긴다.

여기서 잠깐

쉬는 시간에 미리 모둠별로 나누어 주어서 낱말카드를 만들 수 있도록 하고, 게임 도중에 낱말카드가 찢어지는 것을 방지하기 위하여 코팅을 하거나 두꺼운 종이에 인쇄해서 사용한다.

[정리 1] 흉내 내는 말을 넣어 문장 완성하기 놀이

활동 방법

① TV화면으로 "공이 □□□ 굴러가고 있습니다."라고 보여준다.
② "공이 굴러가는 모양을 흉내 낸 말이 무엇인지 하나, 둘, 셋하면 다 같이 얘기해 봅시다."와 같은 발문을 한다.
③ "흉내 내는 말을 사용하여 말하면 어떤 점이 좋은가요?"와 같은 발문을 통해 흉내 내는 말이 주는 의미를 생각하게 한다.

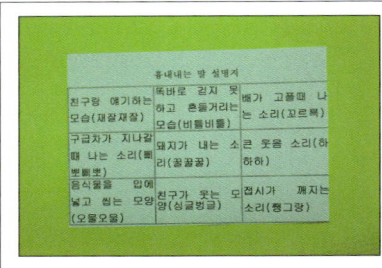
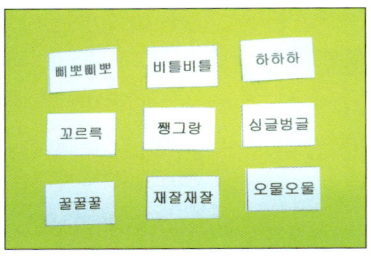

[정리 2] 흉내 내는 말을 넣어 친구 칭찬해 주기

활동 목적

자신이 아는 흉내 내는 말을 넣어 친구를 칭찬해 줌으로써, 정확하게 흉내 내는 말을 이해할 수 있다.

활동 방법

짝꿍이나 모둠원에게 흉내 내는 말을 넣어 칭찬해 주도록 한다.

(예) ○○는 또박또박 너의 생각을 잘 이야기하는구나.

 이런 활동도 있어요

[심화활동] 도서관에서 흉내 내는 말이 있는 책을 찾아 친구들에게 읽어주기

활동 목적

1학년 학생들에게 목적이 있는 독서활동을 통해 성취감을 느끼게 하고 자신이 찾은 책을 친구들에게 읽어줌으로써 자신감을 가질 수 있도록 한다.

활동 방법

학생들이 도서관에서 책을 찾는 어려움을 느낄 수 있으므로 교사가 흉내 내는 말이 적힌 다양한 동시집을 미리 알려주는 것이 좋다.

〈 학생들에게 소개해주면 좋은 동요집 〉

- 전래동요 : 『깨롱깨롱 놀이노래』(편해문 / 보리), 『동무동무 씨동무』(편해문 / 창비)
- 동시 : 『말놀이 동시집 1~5』(최승호 / 보리), 『초코파이 자전거』(신현림 / 비룡소)

    『방귀』(김기택 / 비룡소), 『바닷물 에고, 짜다』(함민복 / 비룡소)

    『오리는 일학년』(박목월 / 비룡소)
- 동요 : 『랄랄라 동요』(편집부 / 삼성출판사), 『동요그림책』(편집부 / 애플비)

    『자연과 함께하는 놀이동요』(편집부 / 사파리)
- 시 : 『한국 어린이 시문학상 수상 작품집』(한국어린이시사랑회 / 예림당)

    『어린이 시쓰기와 감상 지도는 이렇게』(김녹촌 / 온누리)

    『어린이 시 이야기 열두마당』(이오덕 / 지식산업사)

2차시 쪽수_ 듣기·말하기 72~75쪽

뒤뚱뒤뚱 아기오리

 학습개요

1	여러 가지 흉내 내는 말을 알아봅시다.
2	흉내 내는 말의 종류를 알아봅시다.
3	노래를 듣고, 흉내 내는 말을 찾아 다른 말로 바꾸어 봅시다.
4	흉내 내는 말을 바꾸어 노래를 불러 봅시다.

| 동기유발 | ★ 「멋쟁이 토마토」 노래를 부르고, 소리를 흉내 내는 말과 모습이나 움직임을 흉내 내는 말 찾아보기 |

⬇

| 학습문제 제시 | 흉내 내는 말의 종류를 알아봅시다. |

⬇

| 활동 | ♥ 「동물동장」 듣고, 동물들의 모습이나 소리를 흉내 내어 보기
♥ 「동물동장」에서 흉내 내는 말 찾아서 말하기
♥ 동물원의 동물 소리나 움직임 상상해서 흉내 내기
★ ○× 퀴즈 게임을 활용한 흉내 내는 말 구분하기 서바이벌 게임 |

⬇

| 정리 | ★ 흉내 내는 말 종류별로 색칠하기
★ 흉내 내는 말을 찾아 선으로 연결하여 그림 완성하기 / ★ 상호평가하기 |

♥ 교과서 관련 활동 / ★ 추가 제시 활동

 수업활동

[동기유발 1]「멋쟁이 토마토」노래를 부르고, 소리를 흉내 내는 말과 모습이나 움직임을 흉내 내는 말 찾아보기

활동 목적

1차시 수업에서 불렀던「멋쟁이 토마토」를 다시 부르면서 수업내용을 상기시키고 자연스럽게 수업에 집중하도록 할 수 있다.

활동 방법

① TV화면으로「멋쟁이 토마토」플래시를 보여주면서 같이 부른다.
② TV화면에「멋쟁이 토마토」가사를 보여준다.
③ "「멋쟁이 토마토」노래가사 중에서 '꿀꺽'은 무엇을 표현한 말인가요?", "'으쓱으쓱'은 무엇을 표현한 말인가요?" 등과 같은 발문을 통해 흉내 내는 말의 종류에는 소리를 흉내 내는 말과 모습이나 움직임을 흉내 내는 말이 있다는 것을 인지시킨다.

여기서 잠깐

「멋쟁이 토마토」율동을 하면서 노래를 부르면 소리를 흉내 내는 말과 모양을 흉내 내는 말을 자연스럽게 익힐 수 있다.

멋쟁이 토마토 (김영광 작사 / 작곡)

[학습문제 제시]

흉내 내는 말의 종류를 알아봅시다.

[활동 1] 「동물농장」 듣고, 동물들의 모습이나 소리를 흉내 내어 보기

활동 목적

학생들에게 친숙한 노래를 통해서 동물들의 모습이나 소리를 자연스럽게 흉내 내어 볼 수 있다.

활동 방법

① 「동물농장」을 들려주고 노래 속에 등장하는 동물의 종류를 확인한다.
② 「동물농장」 속에 등장하는 동물의 모습이나 움직임, 소리를 흉내 내어 보게 한다.
③ 동물 모습이나 소리를 가장 잘 흉내낸 학생들은 뽑아서 교실 앞에서 다시 해보게 한다. 그리고 앞에 나와서 시범을 보인 친구들이 동물 모습이나 소리를 어떻게 잘 흉내 내었는지 이야기 해본다.

여기서 잠깐

동물농장의 모습이나 소리를 흉내 내어 보고 싶은 사람은 모두 교실 앞으로 나와서 흉내 내어 본다. 그리고 동물의 모습이나 소리를 가장 잘 표현한 학생을 선정하여 인터뷰하고 어떤 부분에서 잘 흉내 내어졌는지 다른 학생들이 발표하게 한다.

[활동 2] 「동물농장」에서 흉내 내는 말 찾아서 말하기

동물농장 (전석환 / 모짜르트)

동물농장

닭장 속에는, 암탉이 (꼬꼬댁)
문간 옆에는, 거위가 (꽥꽥)
배나무 밑엔, 염소가 (음메)
외양간에는, 송아지 (음매)
닭장 속에는, 암탉들이
문간 옆에는, 거위들이
배나무 밑엔, 염소들이
외양간에는, 송아지
오 히 야, 오 오 오
오 히 야, 오 오

[활동 3] 동물원의 동물 소리나 움직임 상상해서 흉내 내기

활동 목적

동물의 모습이나 움직임, 소리를 흉내 내는 활동을 통해 흉내 내는 말의 종류에는 소리를 흉내 낸 말과 모습이나 움직임을 흉내 낸 말이 있다는 것을 알게 한다.

활동 방법
① 동물원의 동물을 어떻게 흉내 내어 표현할 것인지 학생들이 각자 정한다.
② 칠판 앞으로 이동하여 모둠에서 각자 정한 동물의 모습이나 움직임, 또는 소리를 표현한다.

여기서 잠깐
동물들의 모습이나 움직임, 소리를 흉내 내는 활동하는 경우 교실 중간을 비우는 ⊔형으로 책상을 배치하여 다른 모둠의 학생들이 보기 쉽게 한다. 그리고 배경음악으로 동물농장 MR을 구해서 틀어주고 학생들이 동물들의 모습을 흉내 내어 보게 한다.

[활동 4] ○× 퀴즈 게임을 활용한 흉내 내는 말 구분하기 서바이벌 게임

활동 목적
교과서의 활동 4는 연못가 동물의 모습이나 움직임, 소리에 맞게 흉내 내기 활동이다. 흉내 내기 활동을 위해 모둠별로 준비하는 시간까지 고려하면 시간이 오래 걸릴 수 있다. 그리고 흉내 내어 보기 활동을 통해서는 학생들이 수업 목표에 얼마나 도달했는지를 확인하기 어렵다. 그래서 시간이 많이 요구되지 않으면서 학습목표에 도달한 학생과 도달하지 못한 학생을 쉽게 확인할 수 있는 놀이 활동을 구안하였다.

활동 방법
① 학생을 2명 선정하여 한명은 '소리를 흉내 내는 말'이라고 적힌 팻말을 들게 하고, 나머지 1명은 '모습이나 움직임을 흉내 내는 말'이 적힌 팻말을 들게 한 다음, 거리를 두고 서 있게 한다.
② 교사가 학생들에게 흉내 내는 말을 불러주고 셋을 세는 동안 소리를 흉내 내는 말인지 모습이나 움직임을 흉내 내는 말인지 생각하여 결정하게 한다.
③ 학생 자신이 생각하여 결정한 쪽으로 이동하여 팻말을 든 학생 앞에 서 있게 한다.
④ 교사가 학생들의 중간에 서서 다른 팻말 쪽으로 이동하지 못하게 한다.
⑤ 학생들에 정답을 확인시키고 틀린 사람은 뒤쪽으로 이동하여 서 있게 한다.
⑥ 계속 반복하여 마지막까지 남은 학생들에게는 칭찬과 보상을 해준다.

[정리 1] 흉내 내는 말 종류별로 색칠하기

활동 목적
흉내 내는 말의 다양함을 알고 소리를 흉내 내는 말, 모습이나 움직임을 흉내 내는 말을 구별해 보도록 한다.

부록_18쪽

[정리 2] 흉내 내는 말을 찾아 선으로 연결하여 그림 완성하기

활동 목적

흉내 내는 말과 그 의미를 연결해 보는 활동이다. 이 과정을 통하여 흉내 내는 말의 다양함을 알아보고 자신의 이해 정도를 스스로 확인해 볼 수 있다.

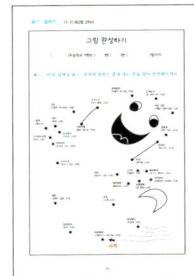
부록_19쪽

활동 방법

학습 활동지의 흉내 내는 말과 그 말의 의미를 선으로 연결한다. '삐뽀삐뽀'를 구급차 소리에 연결하고 '째깍째깍'을 시계 소리와 연결한다. 같은 방법으로 계속 선을 연결하면 그림을 완성할 수 있다.

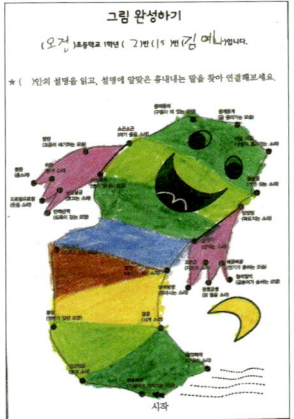

[정리 3] 상호평가하기

활동 목적

'연못가의 동물 상상해서 흉내 내기' 활동을 모둠별로 평가할 수 있도록 한다.

활동 방법

다른 모둠의 흉내 내기 활동을 보면서 상호평가한다.
① 연못가 동물들의 모습이나 움직임에 어울리게 흉내 내었나요?
② 연못가 동물들의 소리에 알맞게 흉내 내었나요?
③ 연못가 동물들 흉내 내기에 즐겁게 참여하였나요?

부록 _ 20쪽

 이런 책도 있어요

사과가 쿵
(글·그림 다다 히로시 / 보림)

흉내 내는 말이 재미있게 표현한 동요가 많이 담겨 있는 동요집이다.

3차시

쪽수 _ 듣기·말하기 76 ~ 79쪽

이슬 열매

 학습개요

1	여러 가지 흉내 내는 말을 알아봅시다.
2	흉내 내는 말의 종류를 알아봅시다.
3	노래를 듣고, 흉내 내는 말을 찾아 다른 말로 바꾸어 봅시다.
4	흉내 내는 말을 바꾸어 노래를 불러 봅시다.

| 동기유발 | ★ 개사한 가사와 원곡의 가사에서 흉내 내는 말 찾아 비교하기 |

| 학습문제 제시 | 노래를 듣고, 흉내 내는 말을 찾아 다른 말로 바꾸어 봅시다. |

| 활동 | ♥ 이슬의 모습 상상하기
♥ 흉내 내는 말을 생각하며 「이슬 열매」 듣기
♥ 「이슬 열매」를 다시 듣고 상상한 내용 그리기
♥ 플래시를 활용한 흉내 내는 말 넣어 말하기
♥ 「이슬 열매」의 흉내 내는 말 바꾸어 부르기 |

| 정리 | ★ 퀴즈 〈흉내 내는 말 찾아서 다른 말로 바꾸어 보기〉 |

[심화활동] 동시 속 흉내 내는 말 바꾸어 보기

♥ 교과서 관련 활동 / ★ 추가 제시 활동

 수업활동

[동기유발] 개사한 가사와 원곡의 가사에서 흉내 내는 말 찾아 비교하기

활동 목적

학생들에게 익숙한 노래를 개사한 다음, 원곡을 들려주어 바뀐 부분을 함께 찾으면서 자연스럽게 수업목표에 접근한다.

활동 방법

① PPT화면으로 개사된 노래 가사를 제시한다.
② "선생님이 노래 가사를 바꾸었는데 어떤 부분이 바뀌었는지 함께 찾아봅시다." 와 같은 발문과 함께 원곡을 들려준다.
③ 학생들이 바뀐 부분을 찾아서 말한다.

```
길쭉길쭉 멋진 몸매에(으쓱으쓱)
노란 옷을 입고(샤방샤방)
얌얌쩝쩝 정말 맛있는(유후~)
멋쟁이 바나나(바나나)
나는야 주스될거야(꿀꺽)
나는야 과자될거야(바삭)
나는야 춤을 출거야(헤이!)
뽐내는 바나나(바나나)
```

```
울퉁불퉁 멋진 몸매에(으쓱으쓱)
빨간 옷을 입고(샤방샤방)
새콤달콤 향내 풍기는(유후~)
멋쟁이 토마토(토마토)
나는야 주스될거야(꿀꺽)
나는야 케찹될거야(찍~)
나는야 춤을 출거야(헤이!)
뽐내는 토마토(토마토)
```

멋쟁이 토마토 (김영광 작사 / 작곡)

[학습문제 제시]

노래를 듣고, 흉내 내는 말을 찾아 다른 말로 바꾸어 봅시다.

[활동 1] 이슬의 모습 상상하기

활동 목적

먼저 학생들이 이슬의 모습을 상상하게 한다. 이슬의 모습에 대해서 구체적으로 상상하기 어려운 학생을 위해 이슬과 관련된 동영상이나 사진자료를 제시한다.

활동 방법

① 학생들에게 이슬의 모습에 대해서 상상해 보게 한다.
② 이슬의 모습이 상상하기 어려운 학생들을 위해 이슬 관련 동영상이나 사진자료를 제시한 다음, 자신이 상상한 이슬의 모습과 비교하여 말하여 보게 한다.

여기서 잠깐

학생들의 자유로운 상상을 방해하지 않도록 반드시 먼저 이슬 상상해 보기 활동을 먼저 한 다음, 동영상이나 사진자료를 제시한다.

[활동 2] 흉내 내는 말을 생각하며 「이슬 열매」 듣기

이슬 열매 (김인숙 작사 / 송택동 작곡)

> **이슬 열매**
>
> 어젯밤 아기 별이
> 뿌려 논 씨앗
> 해님이 일어나니
> 열매가 주렁주렁
>
> 작고 작아 건드려도
> 톡톡 터지는 열매
> 너무나 예뻐서
> 해님이 가져갔나?

[활동 3] 「이슬 열매」를 다시 듣고 상상한 내용 그리기

활동 목적

이 활동은 학습목표와 상관없이 단순히 이슬의 모습을 상상하여 그리는 활동으로 끝날 가능성이 있다. 그러므로 학생들이 「이슬 열매」를 듣고 상상한 이슬의 모습에 대해서 흉내 내는 말을 넣어 표현해 보는 활동이 필요하다.

활동 방법

① 「이슬 열매」를 다시 들려준다.
② 이슬의 모습을 상상하여 그리기 전에 상상한 이슬의 모습을 흉내 내는 말을 넣어 한 줄로 표현하게 한다.
③ 학생 자신이 한 줄로 표현한 이슬의 모습을 상상하여 그리도록 한다.
④ 상상하여 그리기를 한 후에, 모둠별로 돌려보도록 한다.

여기서 잠깐

그리기 활동에 많은 시간이 소요될 수 있으므로 시간관리가 필요하다. 그래서 타이머 플래시를 활용하는 것이 좋다. 그리고 모둠별로 잘된 작품을 한 작품씩 선정하여 실물화상기를 통해 반 전체 학생들이 감상할 수 있도록 한다.

[활동 4] 플래시를 활용한 흉내 내는 말 넣어 말하기

활동 목적

교과서에 제시된 활동은 학생들이 문장을 보고 알맞은 흉내 내는 말을 적어보고 말하는 활동이다. 지루해지기 쉬운 활동이기 때문에 플래시 프로그램을 활용하여 학생의 흥미를 유발하고 집중시킬 수 있도록 한다.

활동 방법

① TV화면에 교과서 문장을 아래와 같은 플래시 프로그램을 통해 제시한다.
② 학생들에게 제시된 교과서 문장에 알맞은 흉내 내는 말을 발표하게 한다.
③ 학생들이 발표한 내용을 알맞는지 확인하고, 발표한 내용 외에 적절한 말이 있는지 함께 찾아본다.

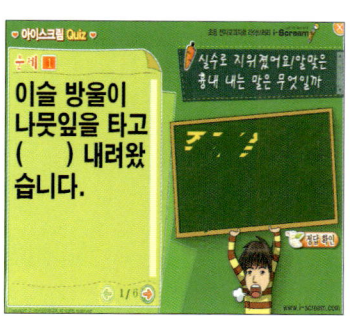 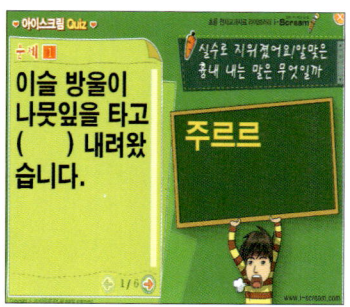

아이스크림 (www.i-scream.com)

[활동 5] 「이슬 열매」의 흉내 내는 말 바꾸어 부르기

활동 목적

교과서에 제시된 활동은 「이슬 열매」의 흉내 내는 말을 바꾸어 부르는 활동이다. 적극적인 참여와 발표를 유도하기 위해 쪽지쓰기와 추첨하기 방법을 도입하였다.

활동 방법

① 학생들에게 쪽지를 한 장씩 나누어 준다.
② 「이슬 열매」 노래 가사 중에서 바꾸어 부를 흉내 내는 말을 쪽지에 쓰게 한다.
③ 교사가 직접 바구니를 들고 돌아다니면서 쪽지를 걷어온다.
④ 「이슬 열매」 노래 가사를 TV화면으로 제시한다.

부록 _ 21쪽

⑤ 바구니에서 쪽지를 하나 추첨하여, 「이슬 열매」 가사를 쪽지 내용대로 바꾸어서 다같이 불러본다.
⑥ 여러번 반복하여 노래를 부른다.

여기서 잠깐

「이슬 열매」 노래 가사 중에 흉내 내는 말을 바꿀 때, 학생들이 대부분 비슷한 내용으로 바꾸어 쓸 수 있기 때문에 이슬의 모습을 다양하고 재미있게 표현한 흉내 내는 말이 나올 수 있도록 유도한다.

[정리] 퀴즈 〈흉내 내는 말 찾아서 다른 말로 바꾸어 보기〉

활동 목적

수업 내용에 대해서 복습하면서 자연스럽게 수업을 마무리한다.

활동 방법

① TV화면에 아래와 같은 문장을 제시한다.
② 다같이 읽어본 다음 "흉내 내는 말은 무엇인가요?"와 같은 발문을 통해 흉내 내는 말을 찾아본다.
③ 학생들이 흉내 내는 말을 바꾸어 발표하게 한다.

> 1학년 5반 멋진 친구들은
> 싱글벙글 웃으면서
> 열심히 공부했습니다.

 이런 활동도 있어요

부록 _ 22쪽

[심화활동] 동시 속 흉내 내는 말 바꾸어 보기

활동 목적

흉내 내는 말에 대한 학생들의 풍부하고 창의적 표현 능력을 길러주기 위한 연습 활동이 좀더 필요하다. 동시, 어린이시, 전래동요에서 흉내 내는 말을 찾아 다른 흉내 내는 말로 바꾸어보는 활동이 도움이 될 것이다.

참고자료

- 재미나라 _ http://www.jaeminara.co.kr/
  리듬고고 등 3D입체영상으로 즐길 수 있으며, 일부는 유료
- 동요 율동 모음 _ http://cont131.edunet4u.net/wt107/sub1/main.htm
  쉽고 재미있게 따라할 수 있는 다양한 동요와 율동 제공
- 대구넷 율동 동영상(3D) _ http://old.dgedu.net/teacher/3D/player/ListSelectAll.asp
  교사와 함께하는 3D 입체동영상을 제공하며 의자에서 실시하는 율동, 일어서서 하는 율동 등 다양한 율동 동영상 제공

 이런 책도 있어요

 말놀이 동시집 (최승호 / 비룡소)	아이들이 쉽고 재미나게 우리 말을 익힐 수 있도록 운율이 있는 글과 아기자기한 그림이 함께 담겨있다.
 우리아이 말 배울 때 들려주는 동시 (구름돌 / 삼성출판사)	흉내 내는 말의 재미를 살린 예쁜 동시와 함께 전래동요도 같이 수록되어 있다.

4차시

쪽수_ 듣기·말하기 80쪽

작은 동물원

 학습개요

1	여러 가지 흉내 내는 말을 알아봅시다.
2	흉내 내는 말의 종류를 알아봅시다.
3	노래를 듣고, 흉내 내는 말을 찾아 다른 말로 바꾸어 봅시다.
4	흉내 내는 말을 바꾸어 노래를 불러 봅시다.

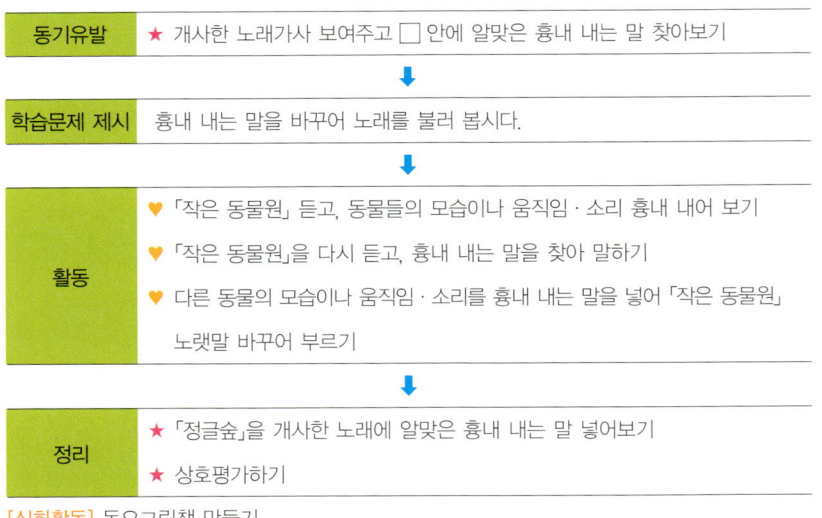

[심화활동] 동요그림책 만들기

♥ 교과서 관련 활동 / ★ 추가 제시 활동

 수업활동

[동기유발 1] 개사한 노래가사 보여주고 □안에 알맞은 흉내 내는 말 찾아보기

활동 목적

학생들에게 친숙한 「작은 별」 노래를 개사하여 학생들에게 PPT화면으로 보여주고, 개사한 노래에 알맞은 흉내 내는 말을 찾아보는 활동을 통해 노래를 바꾸어 부르는 수업목표에 자연스럽게 접근한다.

활동 방법

① 「작은 별」 노래를 들려주고 작은 별 노래 속에 흉내 내는 말을 찾아본다.
② 「작은 별」을 개사한 노래를 보여주면서 "선생님이 노래를 바꾸다가 거북이에 알맞은 흉내 내는 말이 무엇인지 생각이 안나서 노래를 바꾸지 못했어요. 거북이에 알맞은 흉내 내는 말이 무엇이 있을까요?"와 같은 발문을 한다.
③ 학생들의 대답을 듣고 개사한 노래에 맞추어 「작은 별」을 한번 불러본다.
④ "여러분 방금 우리가 무엇을 했나요?"와 같은 발문을 통해서 자연스럽게 학습목표를 제시한다.

작은 별	거북이
반짝반짝 작은 별	☐ 거북이
아름답게 비치네	느릿느릿 간다네
동쪽하늘에서도 서쪽하늘에서도	동쪽나라에서도 서쪽나라에서도
반짝반짝 작은 별	☐ 거북이
아름답게 비치네	느릿느릿 간다네

작은 별 (윤석중 / 모짜르트)

[학습문제 제시]
흉내 내는 말을 바꾸어 노래를 불러 봅시다.

[활동 1] 「작은 동물원」을 듣고, 동물들의 모습이나 움직임·소리 흉내 내어 보기

활동 목적

노래를 부르면서 몸짓으로 표현되는 부분과 목소리로 표현되는 부분이 각각 모습이나 움직임과 소리를 흉내 내는 말임을 알게 한다.

활동 방법

① 동요 율동 사이트 동영상을 학생들에게 보여주면서 쉽게 율동을 따라 할 수 있게 한다.
② 동요 율동이 끝나고 난 후에 잠시 소란스러울 수 있기 때문에 동요 율동이 끝나면 손은 무릎 또는 허리에서 가만히 있을 수 있도록 교사와 학생 간에 약속을 정한다.

[활동 2] 「작은 동물원」을 다시 듣고, 흉내 내는 말을 찾아 말하기

작은 동물원 (김성균 작사 / 작곡)

작은 동물원

삐약삐약 병아리 음메음메 송아지

따당따당 사냥꾼 뒤뚱뒤뚱 물오리

푸- 푸- 개구리 찌께찌께찌께 가재

푸르르르르르르 물풀 하나둘셋넷 소라

[활동 3] 다른 동물의 모습이나 움직임·소리를 흉내 내는 말을 넣어 「작은 동물원」 노랫말 바꾸어 부르기

활동 목적

흉내 내는 말을 찾아 다른 말로 바꾸어 불러 봄으로써 다른 동물들의 모습이나 움직임, 소리를 흉내 내는 말을 통해 표현할 수 있다.

활동 방법

① 흉내 내는 말로 표현할 동물을 흉내 내는 말이 들어갈 뒷부분에 미리 제시한다.
② 바꾸어 부를 흉내 내는 말은 개인, 또는 모둠원이 협력하여 생각해 낼 수 있게 한다.
③ 흉내 내는 말을 바꾸어 부르는 활동이 익숙해지면, 모둠원이 의논해서 대상을 선정한 후에 그에 알맞은 흉내 내는 말을 스스로 찾아서 바꾸어 불러 볼 수 있게 한다.

[정리 1] 「정글숲」을 개사한 노래에 알맞은 흉내 내는 말 넣어보기

활동 목적

수업을 마무리하는 활동으로서 학생들이 대상에 알맞은 흉내 내는 말을 찾아서 바꾸어 부를 수 있는지 확인한다.

활동 방법

① TV화면을 통해「정글숲」노래를 보여준다.

②「정글숲」가사 중에 흉내 내는 말이 무엇인지 말해보게 하고 바꾸어 불러볼 수 있게 한다.

정글숲

정글숲을 지나서 가자

엉금엉금 기어서 가자

늪지대가 나타나면은

악어떼가 나올라 (악어떼)

정글숲 (이요섭 작사 / 작곡)

[정리 2] 상호평가하기

활동 목적

모둠별로 흉내 내는 말을 찾아 바꾸어 부르기 활동을 하며 상호평가를 한다.

활동 방법

다른 모둠의 노래를 듣고 율동을 보면서 상호평가를 한다.

① 큰 소리로 잘 불렀나요?

② 흉내 내는 말이 잘 어울렸나요?

③ 친구들이 큰 동작으로 율동을 잘했나요?

부록 _ 23쪽

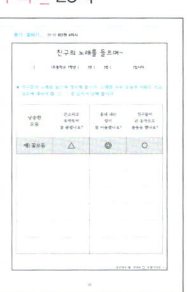

이런 활동도 있어요

[심화활동] 동요그림책 만들기

활동 목적

　동요를 듣고 대상을 흉내 내는 말을 다양하게 바꾸어 본 후, 간단한 동요그림책을 만든다. 그리고 모둠원이 협력해서 만든 동요그림책을 친구들에게 보여주면서 함께 노래를 불러 즐거운 수업이 될 수 있도록 한다.

활동 방법

① 바꾸어 부를 노래 가사를 의미있는 부분으로 각각 나눈다.
② 의미있는 부분으로 각각 나눈 노래 가사를 종이 아래 쪽에 쓰고 노래 가사에 알맞은 그림을 삽화로 간단하게 그린다.
③ 완성한 그림은 순서대로 이어서 노끈 등을 이용하여 책으로 완성한다.
　　　(종합장이나 스케치북을 활용해도 좋다.)
④ 모둠별로 반 전체 학생 앞에서 바꾸어 부르기 활동을 한다. 이때 완성한 동요 그림책을 한 장씩 펼치며 다른 학생들에게 보여준다.

 참고자료

- 깨비키즈 유아 동요나라 _ http://www.kebikids.com/
  곰세마리를 비롯한 200여편의 영유아 동요나라. 율동동요 및 동요 수록
- 풀잎 동요마을 _ http://pullip.ktdom.com/
  다양한 동요 듣기 및 악보, 주제별 동요 모음 수록

 이런 책도 있어요

 랄랄라 동요 (편집부 / 삼성출판사)	흉내 내는 말이 재미있게 표현한 동요가 많이 담겨 있는 동요집이다.
 가자 가자 감나무 (편해문 / 창비)	재미있게 표현된 우리 말의 재미를 느끼며 자연스럽게 흉내 내는 말을 익힐 수 있는 다양한 전래동요가 담겨 있다.

1학년 | **1학기 6단원**

느낌이 솔솔

1차시   옛이야기가 무엇인지 알아보기
2~3차시   어떤 일이 일어났는지 생각하며 옛이야기 읽어보기
4차시   옛이야기를 읽고, 재미있는 장면 찾기
5~6차시   옛이야기를 읽고, 재미있는 장면 말하기

읽기

옛이야기는 옛날부터 전해 내려오는 이야기입니다. 어떤 일이 일어났는지 생각하며 옛이야기를 읽어 봅시다. 그리고 재미있는 장면을 찾아 표현하여 봅시다.

단원 소개

 이 단원의 성취기준은 '문학(2) 문학 작품에서 재미있는 내용을 그림이나 말로 표현한다. 읽기(3) 글을 읽고 대강의 내용을 이해한다.' 이다. 교과서는 네 편의 이야기를 제시하고, 작품의 인상적인 부분에 주목하는 활동과 중요한 내용을 간추리는 활동을 하도록 하고 있다.

 국어과 지도에 있어서 '문학의 수용과 창작'은 점점 더 강조되고 있다. 이 단원에서도 옛이야기에 대한 학습자의 문학적 반응을 다양한 방식으로 수용하고 창조적 학습 활동을 할 것을 강조하고 있다. 교과서에는『소금을 만드는 맷돌』,『금강산 도라지』,『꾀를 내어서』,『떡시루 잡기』가 수록되었는데, 한정된 교과서 지면으로 인해 내용의 일부분만 실리거나 압축되어 실리기도 하였다. 여기서는 다양한 감상 활동을 통해 문학 감상의 재미와 보람을 느낄 수 있도록 학습활동을 보완하였고, 교과서에 수록된 작품과 함께 읽으면 좋은 옛이야기 작품을 더 소개하였다.

제재 분석

 『소금을 만드는 맷돌』에는 소금을 만드는 신기한 맷돌을 훔친 도둑이 나온다. 맷돌을 훔친 도둑은 소금을 나오게 하는 방법은 알았지만 소금을 멈추는 방법을 잊어버려서 결국 불행한 결말을 맞이한다. 잘못을 저지른 주인공이 벌을 받는다는 우리네 옛이야기의 주제, 인과응보가 잘 드러나는 제재이다.

 『금강산 도라지』는 꽃에 얽힌 옛이야기로써 도라지의 지극한 효심이 잘 드러난다. 홀아버지의 약값을 구하기 위해 도라지가 산너머 부자네를 가는 모습은 애잔하다. 여기서는 금강산 도라지와 연관해서 꽃에 얽힌 옛이야기와 동물에 얽힌 옛이야기를 더불어 소개하였다.

 『꾀를 내어서』는 재치있는 꾀를 내어 떡을 먹고 싶은 세 친구의 이야기이다. 머리를 긁적이는 박박이, 항상 코를 닦는 코흘리개, 눈을 비비는 눈첩첩이는 노루이야기를 통하여 자신의 재치를 발휘하게 된다.

 『떡시루 잡기』는 좋은 친구 관계에 대해 생각하게 하는 옛이야기이다. 호랑이와 두꺼비는 똑같이 쌀 한 바가지씩 내어 떡을 해 먹기로 하였다. 하지만 호랑이는 맛있는 떡을 혼자 먹고 싶어 꾀를 낸다. 산꼭대기에서 떡시루를 굴려 먼저 잡는 쪽이 팥떡을 다 먹자는 것이었다. 호랑이는 떡시루가 굴러 가면서 떡이 다 쏟아지는 줄도 모르고 열심히 떡시루를 쫓아간다. 그 사이에 두꺼비는 바닥에 떨어진 떡을 먹게 된다. 맛있는 것을 혼자만 독차지하려는 호랑이의 욕심은 자아 중심적인 특성이라고 볼 수 있는데, 친구 관계는 자아 개념 발달에 상당한 영향을 미친다. 이야기에 등장하는 호랑이와 두꺼비의 행동에 대해 생각해 봄으로써 올바른 자기 모습과 인간 관계에 관한 교훈을 얻을 수 있을 것이다.

교과서 단원 구성

차시	교과서 쪽수	차시 문제	교과서 학습활동
1	읽기 89~91	옛이야기가 무엇인지 알아봅시다.	1. 언제 있었던 이야기인지 생각하며 『소금을 만드는 맷돌』을 읽어 봅시다. 2. 『소금을 만드는 맷돌』에 나타난 옛이야기의 특징을 알아봅시다. 3. 『소금을 만드는 맷돌』이 옛이야기라는 것을 어떻게 알 수 있는지 말하여 봅시다.
2~3	읽기 92~95	어떤 일이 일어났는지 생각하며 옛이야기를 읽어 봅시다.	1. 도라지꽃에 대하여 이야기를 나누어 봅시다. 2. 도라지에게 일어난 일을 생각하며 『금강산 도라지』를 읽어 봅시다. 3. 『금강산 도라지』를 읽고, 물음에 답하여 봅시다. 4. 그림을 보고, 도라지에게 어떤 일이 있었는지 말하여 봅시다. 5. 꽃에 얽혀 전해오는 이야기를 찾아 읽어 봅시다.
4	읽기 96~98	옛이야기를 읽고, 재미있는 장면을 찾아봅시다.	1. 누가 어떤 꾀를 내었는지 생각하며 『꾀를 내어서』를 읽어 봅시다. 2. 『꾀를 내어서』를 읽고, 어떤 장면이 재미있었는지 알아봅시다. 3. 재미있는 장면을 말할 때에 무엇을 떠올리면 좋을지 정리하여 봅시다.
5~6	읽기 99~103	옛이야기를 읽고, 재미있는 장면을 말하여 봅시다.	1. 인물이 한 말과 행동을 생각하며 『떡시루 잡기』를 읽어 봅시다. 2. 『떡시루 잡기』를 읽고, 물음에 답하여 봅시다. 3. 『떡시루 잡기』에 나오는 인물들의 말과 행동을 떠올리며 재미있는 장면을 말하여 봅시다. 4. 『떡시루 잡기』를 읽고, 호랑이와 두꺼비의 행동에 대하여 친구들과 이야기하여 봅시다.

1차시 쪽수 _ 읽기 89~91쪽

소금을 만드는 맷돌

 학습개요

1	옛이야기가 무엇인지 알아봅시다.
2~3	어떤 일이 일어났는지 생각하며 옛이야기를 읽어 봅시다.
4	옛이야기를 읽고, 재미있는 장면을 찾아봅시다.
5~6	옛이야기를 읽고, 재미있는 장면을 말하여 봅시다.

동기유발	★ 이야기 낚시
학습문제 제시	옛이야기가 무엇인지 알아봅시다.
활동	♥ 이야기 읽기 ♥ 내용 파악하기 ♥ 이것은 무엇인고?
정리	★ 묻고 답하기

♥ 교과서 관련 활동 / ★ 추가 제시 활동

 수업활동

[동기유발] 이야기 낚시

활동 목적

학생들이 친근하게 여기는 옛이야기를 재미있는 방법으로 제시하고, 옛이야기에 대하여 알고 있는 것들을 자유롭게 말함으로써 옛이야기에 대한 흥미를 이끌 수 있다.

활동 방법

상자 속에 옛이야기 제목이 담긴 종이(3~4장)를 둘둘 말아 넣고 클립을 붙인다. 나무젓가락에 실을 매달고 실의 끝부분에 자석을 붙인다. 학생들이 나와서 낚시를 하고 낚은 종이를 풀어 옛이야기 제목을 말한다. 앉은 학생들은 이야기 제목을 듣고 생각나는 물건이나 주인공 이름 등을 발표한다. 마지막으로 교사는 『소금을 만드는 맷돌』이 적힌 이야기 제목 카드를 보여주며 학습 문제를 제시한다.

여기서 잠깐

학생들이 친근하게 알고 있는 우리 옛이야기로는 『콩쥐 팥쥐』, 『해와 달이 된 오누이』, 『혹부리 영감』, 『흥부와 놀부』 등이 있다.

[학습문제 제시]

옛이야기가 무엇인지 알아봅시다.

[활동 1] 이야기 읽기

활동 목적

재미있는 방법으로 문학 작품을 읽을 수 있다.

활동 방법

이야기를 1인 낭독을 할 경우, 번호공 뽑기로 1인을 지명하는 방법이 재미있다. 학생들의 이름이나 번호가 적힌 탁구공을 큰 박스에 넣는다. 박스에서 탁구공 1개를 뽑는다. 뽑힌 친구가 이야기의 일부분을 읽고 어느 정도까지 읽은 후 다음에 뽑힌 친구가 뒷부분을 읽는다.

  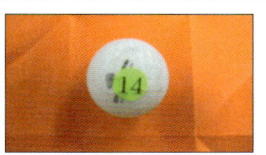

[활동 2] 내용 파악하기

활동 목적

교사의 발문을 듣고 학생이 답을 말하는 과정을 통해 이야기의 등장인물과 배경, 일어난 일 등을 파악할 수 있다.

활동 방법

① 언제 있었던 일인가요?

　　(옛날)

② 신기한 맷돌은 원래 누가 가지고 있었나요?

　　(임금님)

③ 도둑이 소금을 그만 나오게 하려면 어떻게 했어야 했나요?

　　('그쳐라, 소금!' 이라고 외쳐야 합니다.)

④ 바닷물이 왜 짜게 되었나요?

　　(맷돌에서 쉬지 않고 소금이 나왔기 때문입니다.)

[활동 3] 이것은 무엇인고?

부록 _ 24쪽

활동 목적

이야기에 등장하는 물건이나 주인공을 학생들이 직접 그림으로써 이야기의 중요한 소재를 나타낼 수 있고, 그 그림을 보고 떠오르는 옛이야기를 말함으로써 자연스럽게 다양한 옛이야기들을 공유할 수 있다.

활동 방법

각자 빈 카드를 받으면 자신이 가장 좋아하는 옛이야기에 나오는 물건이나 주인공을 그린다. 교사는 번호공으로 학생을 지명하고 지명된 학생은 실물화상기를 통해 자신의 카드를 보여준다. 앉아 있는 학생들은 화면에 출력된 그림을 보고 떠오르는 이야기를 발표한다.

콩쥐 팥쥐　　　　　심청이　　　　　흥부와 놀부

> 여기서 잠깐

  활동 방법을 설명할 때 교사는 실제로 밥주걱을 보여주고 "이 물건을 보면 여러분은 어떤 이야기가 떠오르나요?"라고 학생에게 발문해 본다. 그럼 학생은 "놀부 마누라" 혹은 "흥부와 놀부"라고 대답할 것이다. 구체적인 예시로 교사가 설명하면 학생이 활동을 이해하기가 쉽다.

[정리] 묻고 답하기

① 예로부터 전해 내려오는 이야기를 무엇이라고 합니까?

　(옛이야기)

② 옛이야기는 대개 어떤 말로 시작합니까?

　(옛날, 옛날 옛적에)

 참고자료

[옛이야기의 가치]

  창작동화보다 옛이야기가 아이들의 마음을 훨씬 많이 끌어당긴다고 한다. 그것은 창작동화가 기교는 뛰어나고 문장은 아름답지만, 너무나 합리적이어서 삶의 근원적 진실에 뿌리를 내리지 못하기 때문이다. 옛이야기는 사람들의 마음 속에 알 수 없는 심적 요소, 근원을 알 수 없는 인간 의식의 원형을 가지고 있다. 베텔하임(Bruno Bettelheim)은 '옛이야기는 무의식적 진실의 상징적 표현'이라고 하면서, 옛이야기 속의 상징을 통해 아이들에게 어떻게 진실을 전할까를 생각해 보아야 한다고 했다. 이와 같이 옛이야기는 하나의 기호로 어린이들의 원형적 심상 속에 녹아 무의식중에 진실된 삶을 선택하는 지표가 된다.

초등 국어과 교수·학습 방법
(신헌재 외 / 박이정)

2~3차시 쪽수_ 읽기 92~95쪽

금강산 도라지

 학습개요

1	옛이야기가 무엇인지 알아봅시다.
2~3	어떤 일이 일어났는지 생각하며 옛이야기를 읽어 봅시다.
4	옛이야기를 읽고, 재미있는 장면을 찾아봅시다.
5~6	옛이야기를 읽고, 재미있는 장면을 말하여 봅시다.

동기유발	★ 이야기 수수께끼
학습문제 제시	어떤 일이 일어났는지 생각하며 옛이야기를 읽어 봅시다.
활동	♥ 이야기 읽기 ♥ 내용 파악하기 – 스피드 퀴즈 ♥ 이야기 순서 정리하기 – 4쪽 아코디언북 만들기 ♥ 꽃에 얽힌 옛이야기 찾기 – 나는야 이야기 달인
정리	★ 아코디언북 전시 및 서로의 작품 감상하기

♥ 교과서 관련 활동 / ★ 추가 제시 활동

 수업활동

[동기유발] 이야기 수수께끼

활동 목적

옛이야기 '해와 달이 된 오누이'와 관련된 퀴즈를 풀어보며 옛이야기에 대한 흥미를 이끌어 낼 수 있다.

활동 방법

교사는 해와 달이 된 오누이와 관련된 수수께끼를 내고 학생은 답을 맞춘다.

① 해는 밝고 달은 어두운 밤을 비추죠. 왜 그럴까요?

 (오누이가 하늘 나라로 가서 오빠는 해가 되고 여동생은 달이 되었는데 여동생이 어두운 밤이 무서워서 서로 바꿨기 때문입니다.)

② 수수밭은 빨갛지요. 왜 빨갛게 됐나요?

 (호랑이가 썩은 동아줄을 타고 올라가다 수수밭에 떨어져 호랑이의 피가 수수밭에 퍼졌기 때문입니다.)

여기서 잡깐

교사가 문제와 관련된 사진 및 그림 자료를 보여주며 문제를 내면 학생들이 더욱 흥미로워 한다.

[학습문제 제시]

> 어떤 일이 일어났는지 생각하며 옛이야기를 읽어 봅시다.

[활동 1] 이야기 읽기

활동 목적

'예측하며 읽기'는 흥미를 유발하고 능동적인 읽기가 되도록 한다.

활동 방법

이야기를 읽기 전에 제목이나 교과서 삽화를 보고 어떤 일이 일어날지 예상하게 해보도록 한다. 이야기를 두 번 읽을 수 있는 여유가 있을 때에는 한번은 1인 낭독, 두 번째는 개인 묵독을 할 수 있다.

[활동 2] 내용 파악하기 – 스피드 퀴즈

활동 목적

제재 글과 관련된 여러 가지 사건이나 이야기 구성 요소를 즐겁게 파악할 수 있다.

활동 방법

교사는 제시어를 8절 스케치북에 미리 적어두거나 PPT로 준비한다. 모둠별로 제한시간 1분 내에 제시어를 많이 맞추면 이기는 게임이다. 모둠원이 골고루 참여할 수 있도록 모둠원이 돌아가며 제시어를 설명하는 것을 규칙으로 하는 것이 좋다.

제시어

도라지, 금강산, 무덤, 어머니, 약값, 착하다, 흰색, 부자, 산

[활동 3] 이야기 순서 정리하기 – 4쪽 아코디언북 만들기

활동 목적

이야기의 내용을 일이 일어난 순서대로 정리하는 활동이다.

활동 방법

A4용지를 4쪽으로 나누어 접는다. 『금강산 도라지』를 총 4장면으로 나누어 각 장면당 1~2문장으로 간추려 쓴다. 간추린 내용에 어울리는 그림을 배경으로 그려 넣는다. (메이킹북 방법은 아코디언북, 병풍책 등 아동의 학습 수준에 맞게 적용한다.)

4쪽 병풍책으로 이야기 순서를 정리한 학생작품

[활동 4] 꽃에 얽힌 옛이야기 찾기 – 나는야 이야기 달인

활동 목적

꽃과 관련된 옛이야기를 찾아 읽을 수 있다.

활동 방법

일주일 전에 예고를 하여 집이나 학교도서관 등에서 꽃과 관련된 옛이야기책을 찾아 올 수 있도록 충분히 시간을 준다. 각자 가져온 책을 모둠원끼리 돌아가며 소개하고 전체 활동으로 몇 명 친구들이 앞에 나와 자신이 가져온 이야기를 소개한다.

[정리] 아코디언북 전시 및 서로의 작품 감상하기
활동 과정이나 태도에 대해서 격려하며 다양한 작품을 감상한다.

참고자료

꽃에 얽힌 옛이야기	할미꽃 전설, 봉숭아꽃 전설, 백일홍 전설, 해바라기 전설, 나팔꽃 전설
동물에 얽힌 옛이야기	개와 고양이 옛이야기, 견우와 직녀, 나이 자랑, 열두띠 이야기, 지렁이와 가재

[옛이야기 선정 기준]

1. 문학적 요소
① 단순하면서도 시대를 초월한 진리를 담고 있는가?
② 희노애락 등 어린이의 정서가 이야기 속에서 나타나고 있는가?
③ 줄거리가 단순하고 명쾌한가?
④ 어린이가 쉽게 공감할 수 있는 내용인가?
⑤ 안정된 구성을 갖는가?
⑥ 어린이에게 친숙한 소재를 다루고 있는가?
⑦ 주인공을 통하여 어린이가 성취감이나 만족감을 얻을 수 있는가?
⑧ 단순하고 재미있는 대화체의 문장인가?
⑨ 쉽고 반복적이며 리듬감이 있는 언어로 구성되었는가?
⑩ 민족 고유의 생활상을 담고 있는가?

2. 교육적 요소
① 어린이의 생각, 가치관, 분별력, 세계관 등에 긍정적인 영향을 미치는가?
② 어린이뿐만 아니라 책을 읽어줄 부모나 교사에게도 흥미로운 내용인가?
③ 책을 통하여 어린이가 우리 전통사회의 생활 모습이나 관습 등을 경험해 볼 수 있는가?
④ 외국 옛이야기의 경우, 책을 통하여 어린이가 외국의 전통사회의 생활 모습이나 관습 등을 경험해 볼 수 있는가?
⑤ 옛이야기의 맛을 살려주는 고어(옛말) 등이 적절히 쓰이고 있는가?

『초등 국어과 교수 · 학습 방법』
(신헌재 외 / 박이정)

4차시
쪽수_ 읽기 96~98쪽

꾀를 내어서

 학습개요

1	옛이야기가 무엇인지 알아봅시다.
2~3	어떤 일이 일어났는지 생각하며 옛이야기를 읽어 봅시다.
4	옛이야기를 읽고, 재미있는 장면을 찾아봅시다.
5~6	옛이야기를 읽고, 재미있는 장면을 말하여 봅시다.

동기유발	★ 몸으로 표현하는 릴레이 게임

⬇

학습문제 제시	옛이야기를 읽고, 재미있는 장면을 찾아봅시다.

⬇

활동	♥ 누가 어떤 꾀를 내었는지 생각하며 『꾀를 내어서』 읽기 ♥ 어떤 장면이 재미있었는지 알아보기 ♥ 새로운 주인공이 떡을 먹을 수 있도록 도와주기

⬇

정리	★ 재미있는 장면을 말할 때 떠올리면 좋은 것 생각하기

♥ 교과서 관련 활동 / ★ 추가 제시 활동

 수업활동

[동기유발] 몸으로 표현하는 릴레이 게임

활동 목적

자신의 의도를 언어가 아닌 신체로 표현하여 전달함으로써 표현의 수단에 있어서의 다양성을 스스로 체험할 수 있도록 한다. 또한 창의적인 신체 표현을 사용할 수 있도록 유도하여 학생의 창의성을 신장시킨다.

활동 방법

모둠별로 일렬로 선 다음 맨 끝에 있는 학생이 단어카드를 본다. 앞에 서 있는 학생에게 그 단어를 신체로 표현하여 전달한다. 마지막으로 전달받은 학생은 칠판에 자신이 정답이라고 생각하는 단어를 쓴다.

여기서 잠깐

동작으로 쉽게 구별이 가능한 단어를 사용하도록 한다.

준비물 : 단어카드
(수영, 달리기, 노래 부르기, 춤추기, 줄넘기, 축구하기 등)

[학습문제 제시]

옛이야기를 읽고, 재미있는 장면을 찾아봅시다.

[활동 1] 누가 어떤 꾀를 내었는지 생각하며 『꾀를 내어서』 읽기

활동 방법

① 묵독한다.

② 소리 내어 읽는다.

③ 읽으면서 인물의 행동을 흉내 낸다. (손동작을 중심으로)

[활동 2] 어떤 장면이 재미있었는지 알아보기

활동 방법

① 세 친구의 버릇은 무엇인가요?

   (박박이: 항상 머리를 긁적임, 코흘리개: 코를 잘 흘림, 눈첩첩이: 늘 눈을 비빔)

② 세 친구는 왜 내기를 하게 되었나요?

   (한 사람이 떡을 모두 먹기로 정하였기 때문에)

③ 박박이는 가려운 곳을 긁으면서 어떤 말을 하였나요?

   ("내가 뒷산에서 노루를 보았는데, 뿔이 여기에도 돋고, 여기에도 돋고…….")

④ 코흘리개는 어떤 행동을 하며 코를 닦았나요?

(활 쏘는 흉내를 내며 옷소매로 코를 닦았습니다.)

⑤ 눈첩첩이는 눈을 비비기 위하여 어떻게 하였나요?

("안 돼, 활을 쏘면 안 돼."하고 말하면서 손을 휘휘 내저어 눈을 비볐습니다.)

[활동 3] 새로운 주인공이 떡을 먹을 수 있도록 도와주기

부록 _ 25쪽

활동 목적

새로운 문제를 제기함으로써, 문제해결을 위한 창의적인 사고를 촉진시킬 수 있다. 또한, 새로운 이야기가 계속 첨가되는 옛이야기의 특성을 이해시킬 수 있다.

활동 방법

새로운 등장인물이 어떻게 해야 떡을 먹을 수 있을지 생각해본다. 모둠별로 토의한 후 발표하도록 한다.

① 항상 다리를 긁는 다리긁적이
② 항상 발가락을 꼼지락거리는 발꼼지락이
③ 항상 눈꼽을 떼는 눈꼽쟁이
④ 항상 코를 후비는 코후비개
⑤ 항상 머리를 꼬는 머리꼬개
⑥ 항상 눈을 깜박이는 눈깜박이
⑦ 항상 귀를 파는 귀파개 등

[정리] 재미있는 장면을 말할 때 떠올리면 좋은 것 생각하기

활동 목적

여기서는 인물의 행동, 말, 생김새 등을 연상하면서 재미있는 장면을 찾아낼 수 있도록 한다.

활동 방법

교과서 97쪽의 삽화를 보면서 인물의 행동과 말을 구별한다.

① 인물의 행동은 무엇입니까?

(박박이가 머리를 긁음, 코흘리개가 코를 닦음, 눈첩첩이가 눈을 비빔.)

② 인물의 말은 무엇입니까?

(박박이가 노루 이야기를 시작함, 코흘리개와 눈첩첩이가 뒤이어 말 함.)

③ 재미있는 장면을 말할 때에는 무엇을 떠올리는 것이 좋겠습니까?

(인물이 한 말과 행동)

 참고자료

[그림책 형태의 옛이야기 - 우리나라 옛이야기]

강무홍 글, 김달성 그림(1998), 『호랑이 잡은 피리』, 보림.

권문희 글·그림(2005), 『줄줄이 꿴 호랑이』, 사계절.

김해원 글, 심은숙 그림(2003), 『청개구리야, 왜 울어?』, 삼성출판사.

서정오 글, 박경진 그림(1997), 『팥죽 할멈과 호랑이』, 보리.

서정오 글, 이경영 그림(2005), 『주먹이』, 삼성출판사.

서정오 글, 한지희 그림(1997), 『임금님 귀는 당나귀 귀』, 보리.

송재찬 글, 이종미 그림(2004), 『해님달님』, 국민서관.

양혜정 글, 이광익 그림(2005), 『토끼와 호랑이』, 삼성출판사.

위기철 글, 김환영 그림(2001), 『호랑이와 곶감』, 국민서관.

이경혜 글, 신가영 그림(1997), 『이래서 그렇대요!』, 보림.

이규희 글, 심미아 그림(1996), 『해와 달이 된 오누이』, 보림.

이미애 외 글, 이억배 외 그림(1997~1998), 『옛이야기 그림책 까치와 호랑이1~18』, 보림.

이상교 글, 주경호 그림(1996), 『좁쌀 한 톨로 장가 든 총각』, 보림.

정하섭 글, 한병호 그림(1998), 『해치와 괴물 사형제』, 길벗어린이.

정해왕 글, 전병준 그림(2005), 『호랑이와 곶감』, 삼성출판사.

중국 조선족 설화, 홍성찬 그림(1999), 『재미네골』, 재미마주.

김성민 글·그림(2005), 『여우누이』, 사계절.

김장성 글, 이수진 그림(2006), 『가시내』, 사계절.

김중철 엮음, 권문희 그림(1998), 『까치와 호랑이와 토끼』, 웅진출판.

김창희 글·그림(1998), 『감로수를 구해온 바리』, 마루벌.

류재수 글·그림(1998), 『백두산 이야기』, 통나무.

박영란 글, 김원희 그림(2005), 『도깨비 옷에 구멍이 뽕!』, 삼성출판사.

서정오 글, 박철민 그림(2005), 『도깨비가 준 보물』, 삼성출판사.

이경애 글, 한병호 그림(1992), 『도깨비와 범벅장수』, 국민서관.

이경애 글, 한유민 그림(1997), 『구렁덩덩 새 선비』, 보림.

이나미 글·그림(1998), 『나무꾼과 호랑이 형님』, 한림출판사.

이미애 글, 이억배 그림(1997), 『반쪽이』, 보림.

이상희 글, 한태희 그림(2001), 『도솔산 선운사』, 한림출판사.

이영경(2002), 『신기한 그림족자』, 비룡소.

이형구 글, 홍서찬 그림(1995), 『단군신화』, 보림.

아동문학의 이해
(신헌재·권혁준·곽춘옥 / 박이정)

5~6차시

쪽수 _ 읽기 99 ~ 103쪽

떡시루 잡기

 학습개요

1	옛이야기가 무엇인지 알아봅시다.
2~3	어떤 일이 일어났는지 생각하며 옛이야기를 읽어 봅시다.
4	옛이야기를 읽고, 재미있는 장면을 찾아봅시다.
5~6	옛이야기를 읽고, 재미있는 장면을 말하여 봅시다.

동기유발	★ 여러 이야기 속 두꺼비와 호랑이의 모습 알아보기
학습문제 제시	옛이야기를 읽고, 재미있는 장면을 말하여 봅시다.
활동	♥ 인물이 한 말과 행동을 생각하며 『떡시루 잡기』를 읽기 ♥ 『떡시루 잡기』를 읽고, 물음에 답하기 ♥ 『떡시루 잡기』에 나오는 인물들의 말과 행동을 떠올리며 재미있는 장면 말하기 ♥ 『떡시루 잡기』를 읽고, 호랑이와 두꺼비의 행동에 대하여 친구들과 이야기하기
정리	★ 『동물들의 나이 자랑』을 읽고, 인물들의 말과 행동을 떠올리며 재미있는 장면 말하기

[심화활동] 옛날 사람들이 생각하는 호랑이와 두꺼비의 모습 살펴보기

♥ 교과서 관련 활동 / ★ 추가 제시 활동

 수업활동

[동기유발] 여러 이야기 속 두꺼비와 호랑이의 모습 알아보기

활동 목적

전래동요나 옛이야기에 등장하는 두꺼비와 호랑이의 모습을 떠올리고 특징적인 장면을 표현해 본다.

활동 방법

① '두껍아 두껍아 헌 집 줄게 새 집 다오.' 노래를 부른다.
② 옛이야기 속의 다양한 호랑이의 모습을 제시한다. (호랑이와 곶감, 팥죽 할멈과 호랑이, 해와 달이 된 오누이, 줄줄이 꿴 호랑이 등)
③ 각 동물이 나오는 이야기 속의 특징적인 장면을 짝과 함께 표현한다.

여기서 잠깐

두꺼비집을 만드는 손동작을 같이 하면서 노래를 부르면 더욱 실감 나고 재미있게 표현할 수 있다.

호랑이와 곶감 (이지현 / 씽크하우스)

해와 달이 된 오누이 (이규희 / 보림)

[학습문제 제시]
옛이야기를 읽고, 재미있는 장면을 말하여 봅시다.

[활동 1] 인물이 한 말과 행동을 생각하며 『떡시루 잡기』를 읽기

활동 방법

① 묵독한다.
② 소리 내어 읽는다.
③ 읽으면서 인물의 행동을 흉내 낸다. (손동작)

줄줄이 꿴 호랑이 (권문희 / 사계절)

[활동 2] 『떡시루 잡기』를 읽고, 물음에 답하기

활동 방법

① 호랑이가 두꺼비에게 내기를 하자고 한 까닭은 무엇인가요?
(떡을 혼자 다 먹고 싶어서)
② 호랑이와 두꺼비는 어떤 내기를 하였나요?
(떡시루를 산 아래로 굴린 다음, 쫓아가 먼저 잡는 쪽이 떡을 다 먹는 내기)
③ 두꺼비가 순순히 내기를 하자고 한 이유는 무엇인가요?
(좋은 생각이 떠올랐기 때문에)

팥죽 할머니와 호랑이 (조대인 / 보림)

④ 호랑이는 왜 떡을 먹지 못하였나요?

(떡시루가 굴러가면서 그 안에 들어 있던 떡이 조금씩 밖으로 떨어져 나왔기 때문에)

[활동 3] 『떡시루 잡기』에 나오는 인물들의 말과 행동을 떠올리며 재미있는 장면 말하기

활동 방법

① 호랑이가 한 말과 행동 중에서 가장 재미있는 장면을 말해봅시다.

(떡이 떡시루에서 빠져나오는 것도 모르고 열심히 달려가는 모습)

② 두꺼비가 한 말과 행동 중에서 가장 재미있는 장면을 말해봅시다.

("내 그럴 줄 알았다니까. 이제 슬슬 떡을 모아볼까?")

[활동 4] 『떡시루 잡기』를 읽고, 호랑이와 두꺼비의 행동에 대하여 친구들과 이야기하기

부록 _ 26쪽

활동 목적

모둠원 중 한 명에게 동물 가면을 씌워 놓고 이야기함으로써 재미있고 활기찬 수업 분위기를 만들고 창의적으로 사고할 수 있도록 돕는다.

활동 방법

① 호랑이의 행동에 대하여 이야기해본다.
② 내가 호랑이라면 어떻게 했을지 이야기해본다.
③ 두꺼비의 행동에 대하여 이야기해본다.
④ 내가 두꺼비라면 어떻게 했을지 이야기해본다.

[정리] 『동물들의 나이 자랑』을 읽고, 인물들의 말과 행동을 떠올리며 재미있는 장면 말하기

『동물들의 나이 자랑』을 읽고, 이야기 속에 등장하는 인물이 누구인지 어떤 말과 행동을 했는지 그 특징을 살펴본다. 친구들과 함께 재미있는 장면을 찾아 실감 나게 표현해 본다.

동물들의 나이 자랑 (양연주 / 씽크하우스)

평가 내용	점 수
등장인물과 특징을 찾았나요?	♡ ♡ ♡
이야기 속 재미있는 장면을 실감 나게 표현하였나요?	♡ ♡ ♡

(참잘해요 3개, 잘해요 2개, 보통이에요 1개 색칠)

이런 활동도 있어요

[심화활동] 옛날 사람들이 생각하는 호랑이와 두꺼비의 모습 살펴보기

활동 방법

① 민화에 나오는 호랑이와 두꺼비의 모습을 살펴본다.
② 옛날 사람들이 생각한 호랑이와 두꺼비의 모습이 어떠하였는지 나의 생각과 느낌을 말해 본다.

1학년 **1**학기 **6**단원

느낌이 솔솔

1차시 　　내 느낌을 재미있는 말로 나타내기
2차시 　　시를 읽고, 어떤 느낌이 드는지 말하기
3~4차시 　내 느낌을 그림이나 글로 나타내기

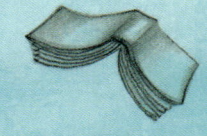

쓰기

재미있는 생각이나 느낌을 담은 시를 써 보고,
친구들 앞에서 낭송하여 봅시다.

와, 바다 좀 봐!
진짜 파랗다.
파란 하늘 같아!

그래! 저 돛단배는
하늘에 떠 있는 하얀
구름 같지?

단원 소개

이 단원은 '문학 작품에서 재미있는 내용을 그림이나 말로 표현한다.'는 성취 기준을 근거로 삼아 작품의 인상적인 부분에 주목하기, 작품에 등장하는 재미있는 말이나 구절 등을 활용하여 짧게 표현하기, 재미있거나 인상적인 장면을 그림으로 그리기 등의 활동으로 구성되어 있다. 1학년 학생들에게 '문예 창작'은 다소 어려운 과제이나 본 단원의 학습을 통하여 학생들은 일상생활에서 경험하는 여러가지 일에 대한 자신의 느낌을 그림이나 글로 표현해보는 초보적인 창작의 과정을 경험할 수 있게 된다.

1차시에서는 학생들이 눈, 코, 입, 귀 등의 감각기관을 통하여 느낀 것을 다른 사물에 빗대어 표현해 보는 활동을 하게 된다. 이 과정을 통하여 학생들은 자신이 가지고 있던 심상을 구체화함과 동시에 이미지에 생동감을 부여할 수 있다. 본 차시에서는 느낌을 다른 사물에 비유하고, 재미있는 말을 예측하며 재미있는 말을 직접 써보는 과정을 통하여 학습에 재미를 느낄 수 있도록 구성하였다.

2차시에서는 '수박씨'라는 시를 통하여 다른 대상에 빗대어 표현해보는 경험을 구체화하고 있다. 제재시에서는 '동생의 입 안'은 '빨갛게 익은 수박 속'이고 '입 안의 충치'는 '까맣게 잘 익은 수박씨'라고 빗댐으로써 시각적인 경험에 생동감을 부여하였다. 본 차시에서 학생들은 친구의 입과 입안을 살펴보며 닮은 대상을 찾는 활동을 하게 되는데 자신의 생각을 친구들과 자유롭게 나누는 과정을 통하여 느낌을 다양화하고, 문학에서의 비유를 자연스럽게 체득할 수 있도록 한다.

3~4차시에서는 재미있는 표현을 사용한 「방귀」를 읽고 느낌을 소리나 글, 그림 등으로 표현하게 된다. 이를 바탕으로 표현의 이유를 생각하면서 나만의 시를 써 보는 것으로 단원 전체의 목표에 도달할 수 있다. 다양한 활동을 통하여 시는 어려운 것이 아니고 글쓴이가 느낌을 재미있는 방법으로 표현한 문학이라는 점을 경험하도록 해야 할 것이다.

제재 분석

「수박씨」는 동생이 하품을 할 때 입 안의 색과 모양이 수박 속과 같다는 비유적 표현이 잘 드러난 동시이다. 특히 충치를 수박씨에 빗대어 표현한 것까지 학생들의 시각적인 감각을 자극하면서 시와 느낌의 관련성을 직접적으로 깨닫도록 하는 좋은 예시 자료다.

「방귀」는 학생들이 흥미 있어 하는 생리적 현상을 소재로 삼음과 동시에 각 가족의 방귀의 특징을 다른 사물에 빗대어 재미있게 표현한 시이다. 무심히 들으면 같다고 생각할 수 있는 방귀 소리이지만, 소리나 냄새의 느낌이나 특징을 찾아내어 표현하기에 적합한 제재이다. 비유적인 표현, 오감을 이용한 제재이므로 소리나 냄새가 주변의 어떤 사물과 닮았는지 생각하며 감상하면 보다 적극적인 감상이 이루어질 수 있을 것이다.

교과서 단원 구성

차시	교과서 쪽수	차시 문제	교과서 학습활동
1	쓰기 69~71	내 느낌을 재미있는 말로 나타내어 봅시다.	1. 눈, 코, 입, 귀로 느꼈던 것을 〈보기〉와 같이 떠올리면서 ○안에 내 생각을 써봅시다. 2. 내가 느낀 것을 〈보기〉처럼 바꾸어 봅시다.
2	쓰기 72~73	시를 읽고, 어떤 느낌이 드는지 말하여 봅시다.	1. 하품을 할 때의 모습을 떠올리며 「수박씨」를 읽어 봅시다. 2. 시에서 '입 안'과 '충치'는 각각 무엇을 닮았는지 알아보고, 어떤 점에서 그것과 닮았는지 써봅시다. 3. 시의 주인공이 되어 친구와 함께 하품을 하여 봅시다. 4. 3에서 생각한 것을 바탕으로 하여 「수박씨」를 바꾸어 써봅시다.
3~4	쓰기 74~81	내 느낌을 그림이나 글로 나타내어 봅시다.	1. 다음은 우리 가족의 방귀 소리를 듣고, 그 느낌을 쓴 시입니다. 각각 어떤 방귀일지 생각하며 「방귀」를 읽어 봅시다. 2. 우리 가족의 방귀를 재미있게 표현하여 봅시다. 3. 〈보기〉와 같이 우리 가족의 방귀에 재미있는 별명을 짓고 왜 그렇게 표현하였는지 친구와 이야기하여 봅시다. 4. 앞에서 활동한 내용을 바탕으로 하여 '우리 가족의 방귀'를 시로 써봅시다. 5. 내가 쓴 시를 다시 읽고 다듬어 봅시다. 그리고 친구들 앞에서 낭송하여 봅시다. 6. 내가 낭송한 것을 듣고, 친구들이 어떤 생각을 하였는지 써달라고 합시다. 그리고 친구의 생각도 써봅시다.

1차시   쪽수_ 쓰기 69 ~ 71쪽

재미있는 말

 학습개요

1	내 느낌을 재미있는 말로 나타내어 봅시다.
2	시를 읽고, 어떤 느낌이 드는지 말하여 봅시다.
3~4	내 느낌을 그림이나 글로 나타내어 봅시다.

동기유발	★ 재미있는 말 색칠하기 ★ 상황에 따른 느낌 이야기하기 / 쓰기 ★ 캐릭터 닮은 친구 찾기

⬇

학습문제 제시	내 느낌을 재미있는 말로 나타내어 봅시다.

⬇

활동	♥ 느낌을 다른 사물에 비유하기 ★ 빈 칸에 들어갈 재미있는 말 예측하기 ★ 재미있는 말 직접 써보기

⬇

정리	★ 재미있는 말 고르기 퍼즐

[심화활동 1] 다른 느낌 재미있는 말로 표현하기
[심화활동 2] 제목 알아맞히기

♥ 교과서 관련 활동 / ★ 추가 제시 활동

 수업활동

[동기유발 1] 재미있는 말 색칠하기
활동 목적

이 단원의 목표는 재미있는 생각이나 느낌을 일반적 표현과 비교하여 '재미있는 말'이 무엇인지를 알고 직접 나타내내어 보는 것이다. 이를 위하여 재미있는 말을 찾을 수 있는 자료를 제시하고 자유롭게 찾아보도록 한다.

활동 방법

학습 활동지에 주어진 글을 보고, 재미있는 말이나 느낌이 잘 드러난 부분을 찾아서 색칠하는 활동을 한다.

여기서 잠깐

학급 학생들의 글이나 일기를 사용하면 더욱 좋다.

부록 _ 27쪽

[동기유발 2] 상황에 따른 느낌 이야기하기 / 쓰기
활동 목적

일반적인 표현과 재미있는 말이 들어간 표현을 보고 비교할 수 있도록 한다.

활동 방법

교사가 보여주는 문장을 비교하고, 무엇이 더 재미있는지 고르는 활동을 한다.

> (가) 산은 참 높고 푸르러요.
>
> (나) 산은 하늘처럼 높고 바다만큼 푸르러요.

★ 어떤 문장이 더 재미있나요?

[동기유발 3] 캐릭터 닮은 친구 찾기
활동 목적

1차시에서 주로 찾는 재미있는 말의 대부분은 비유하는 말이다. 비유란 표현하고자 하는 것을 비슷한 특징을 가진 사물에 빗대어 표현하는 것임을 알 수 있도록 한다.

활동 방법

학생들 사이에서 잘 알려진 캐릭터 사진이나 그림을 화면에 보여주며, 우리 반에서 가장 닮은 친구를 찾아보도록 한다. 나아가 친구가 왜 그 캐릭터를 닮았는지 이유를 말해보면 더욱 좋다.

여기서 잠깐

자칫 캐릭터를 닮았다고 놀림을 받거나 부정적 이미지를 심어줄 수 있으므로 캐릭터 선정에 신중을 기한다.

[학습문제 제시]

내 느낌을 재미있는 말로 나타내어 봅시다.

[활동 1] 느낌을 다른 사물에 비유하기

활동 방법

지금의 느낌을 다른 사물에 비유할 수 있도록 간단한 발문을 한다.

 (예) 친구가 맛있는 과자를 주었어요.
   내 마음은 하늘을 나는 나비 같을까요,
   언니에게 꾸중을 들은 동생 같을까요?

[활동 2] 빈 칸에 들어갈 재미있는 말 예측하기

부록 _ 28쪽

활동 목적

다른 사람이라면 이 글에서 어떻게 재미있는 말을 사용하였을지 예측해 보는 활동이다. 예측한 뒤 실제 글에서 사용한 말을 살펴보고 자신이 예측한 결과가 맞는지 확인할 수 있다. 새롭고 다양한 재미있는 말을 경험하여 시 쓰기에 도움이 되도록 한다.

활동 방법

동시나 동요에서 재미있는 말이 있는 부분을 괄호 또는 빈 칸으로 두고 학생들이 그 부분에 들어갈 말을 예측하여 채워 넣을 수 있도록 한다. 그 뒤 교사가 원작시를 들려주거나 보여준 뒤, 직접 낭송해 본다.

 ※ 원작시에 들어갈 말 – 바게트빵, 마늘빵, 모닝빵 / 김꽃게, 김새우, 김고기

[활동 3] 재미있는 말 직접 써보기

부록 _ 29쪽

활동 목적

자신의 경험을 바탕으로, 느낌을 다른 사물에 빗대어 재미있게 표현하는 활동이다.

활동 방법

학습 활동지의 질문을 읽고 눈, 코, 입, 귀, 손 등 오감을 통하여 느낄 수 있는 사물을 하나씩 정한 뒤, 그것이 어떤 것에 비유될 수 있는지 괄호 안을 채워 본다.

 (예) 가장 생각나는 사람은 누구인가요?

(돼지)처럼 (배가 볼록)한 (우리 삼촌)

[정리] 재미있는 말 고르기 퍼즐

활동 목적

그림 퍼즐을 통해 차시 학습을 즐겁게 정리하면서 동시에 학습 목표에 도달하였는지를 평가할 수 있다.

부록 _ 30쪽

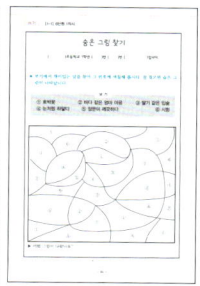

활동 방법

재미있는 말을 골라 해당 번호가 써진 부분을 색칠하면 완성된 형태의 그림이 나타나는 퍼즐을 해결한다.

 이런 활동도 있어요

[심화활동 1] 다른 느낌 재미있는 말로 표현하기

활동 목적

교과서는 주로 오감을 통한 느낌을 재미있는 말로 표현하는 활동을 제시하고 있다. 오감으로 한정하지 않고 두 대상의 공통점을 찾아 느낌을 재미있는 말로 바꾸는 활동을 통해 심화된 학습을 할 수 있다.

활동 방법

간단한 느낌을 표현하는 단어를 제시하고, 재미있는 말을 넣어 구체적으로 표현하도록 한다.

(예) 기쁘다 → 화사한 햇빛이 나를 비추는 것처럼 기쁘다.

(예) 사랑하다 → 선생님께서는 우리들이 잘못을 해도 아낌없이 주는 나무처럼 우리를 사랑하신다.

[심화활동 2] 제목 알아맞히기

활동 목적

부록 _ 31쪽

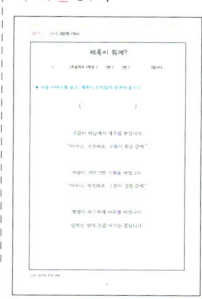

재미있는 말로 된 시의 제목을 알아맞히는 활동이다. 시의 주제를 파악하면서 재미있는 말(비유적 표현)을 사용하여 제목을 짓도록 함으로써 배운 내용을 적용해 보도록 한다.

활동 방법

① 부록 자료에 제시된 시를 읽고 비유적 표현을 사용하여 제목을 짓는다.

② 친구의 제목과 비교하고 재미있는 점을 말하여 본다.

2차시
쪽수 _ 쓰기 72~73쪽

수박씨

 학습개요

1	내 느낌을 재미있는 말로 나타내어 봅시다.
2	시를 읽고, 어떤 느낌이 드는지 말하여 봅시다.
3~4	내 느낌을 그림이나 글로 나타내어 봅시다.

동기유발	★ 직접 기지개 켜고 하품해 보기 ★ 수박 그리기

↓

학습문제 제시	시를 읽고, 어떤 느낌이 드는지 말하여 봅시다.

↓

활동	♥ 시의 내용 이해하기 ♥ 시 속의 단어가 비유한 것 찾기 ♥ 시 바꾸어 쓰기 준비하기 및 「수박씨」 바꾸어 쓰기

↓

정리	★ 상호평가하기

[심화활동 1] 시화책 만들기
[심화활동 2] 시를 찾아 읽고 낭송한 뒤 느낌 발표하기

♥ 교과서 관련 활동 / ★ 추가 제시 활동

 **수업활동**

[동기유발 1] 직접 기지개 켜고 하품해 보기

활동 목적

학습을 시작하기에 앞서 편안한 분위기를 유도하는 동시에 제재에 대한 배경 지식을 활성화하도록 한다.

활동 방법

학급 전원이 자유롭게 기지개를 켜고 하품을 해본다.

여기서 잠깐

너무 소란스러운 분위기가 조성되지 않도록, 그러나 자유로운 느낌을 최대한 가지도록 유도한다.

[동기유발 2] 수박 그리기

활동 목적

이 시의 제재인 수박의 모양과 생김새를 떠올리고 자세히 표현할 수 있는 기회를 제공한다.

활동 방법

준비된 수박 그림에 색칠을 하면서 수박의 모양을 생각해본다.

부록 _ 32쪽

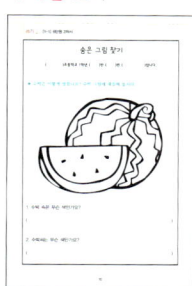

> **[학습문제 제시]**
> 시를 읽고, 어떤 느낌이 드는지 말하여 봅시다.

[활동 1] 시의 내용 이해하기

활동 목적

시를 읽고 시의 내용을 이해하였는지 확인하고 시에 대한 생각과 느낌을 나눌 수 있는 묻고 답하기 활동이 필요하다.

활동 방법

① 시를 읽고 생각나는 단어는 무엇인가요?

② 지은이는 무엇을 보고 시를 썼나요?

③ 시를 읽고 어떤 느낌이 드나요?

④ 가장 재미있는 부분은 어느 부분이었나요? 등

[활동 2] 시 속의 단어가 비유한 것 찾기

활동 방법

시 속의 단어가 비유한 것이 무엇인지 찾을 수 있도록 안내한다.

(예) 하품하는 동생의 입 안은 무엇을 닮았나요? 그렇게 생각한 까닭은 무엇인가요?

[활동 3] 시 바꾸어 쓰기 준비하기 및 「수박씨」 바꾸어 쓰기

부록 _ 33쪽

활동 방법

「수박씨」를 바꾸어 쓰기 전에 친구의 입을 관찰하고 그리면서 빗대어 쓸 대상을 찾도록 안내한다.

① 하품하는 친구 입 그리기
② 비유할 사물 찾기

[정리] 상호평가하기

활동 목적

모둠별 시화책(심화활동 1) 또는 교과서 관련 활동을 통해 상호평가를 할 수 있다.

부록 _ 34쪽

활동 방법

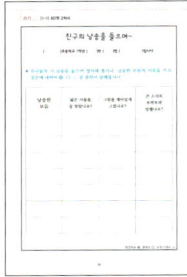

다른 모둠의 낭송을 들으며 상호평가를 하도록 한다.

① 닮은 사물을 잘 찾았나요?
② 그림을 재미있게 그렸나요?
③ 큰 소리로 또박또박 말했나요?

 이런 활동도 있어요

[심화활동 1] 시화책 만들기

활동 목적

교과서의 활동 3, 4는 시를 바꾸어 쓰는 활동이다. 그런데 1학년 학생들의 경우 시를 바꾸어 쓰는 일이 어려울 수 있으므로, 이를 모둠별 활동으로 변형시켜 부담을 줄이고 협동심을 기를 수 있도록 하였다.

활동 방법

학습 활동지에 친구 한 명의 입 안을 그린다. 입 모양, 입 안, 목구멍, 이, 혀 등이 무엇을 닮았고 그 까닭이 무엇인지를 모둠원이 한 명씩 나누어 간단히 적는다.

학습 활동지를 바탕으로 각자 시화를 제작한다. 첫 장은 '아~함 / 동생이 하품을 한다.'가 적혀 있는 시화를 나누어주고, 나머지 4~5장은 각각 한 줄씩 시를 짓고 그림을 그려 완성하도록 한다. 완성된 시화책을 리본으로 묶어 모둠별로 전시한다. 모둠별로 완성한 시화책을 낭송한다. 자신이 제작한 시화 부분을 직접 보여주며 낭송하는 것이 좋다.

[심화활동 2] 시를 찾아 읽고 낭송한 뒤 느낌 발표하기

활동 목적

학생이 스스로 시를 찾아서 읽고 낭송한 뒤 그 느낌을 발표하도록 하는 자기주도적 학습이다.

활동 방법

도서관이나 시집 여러 권을 활용하여 직접 시를 찾아 낭송하고 느낌을 발표해 보는 시간을 갖도록 한다.

3~4차시 쪽수_ 쓰기 74~81쪽

방귀

 학습개요

1	내 느낌을 재미있는 말로 나타내어 봅시다.
2	시를 읽고, 어떤 느낌이 드는지 말하여 봅시다.
3~4	내 느낌을 그림이나 글로 나타내어 봅시다.

동기유발	★ 방귀대장 뿡뿡이!

⬇

학습문제 제시	내 느낌을 그림이나 글로 나타내어 봅시다.

⬇

활동	★ '방귀' 읽고 내용 파악하기 ♥ 우리 가족의 방귀 소리 표현하기 / ♥ 우리 가족의 방귀 별명짓기 ♥ '우리 가족의 방귀'로 시 쓰기 ♥ 내가 쓴 시 다듬고 낭송하기 ♥ 내가 쓴 시 책으로 만들기

⬇

정리	★ 책 전시 및 상호평가하기

[심화활동] 시 흉내 내어 쓰기

♥ 교과서 관련 활동 / ★ 추가 제시 활동

 수업활동

[동기유발] 방귀대장 뿡뿡이!

활동 목적

학생들이 잘 알고 있는 '방귀대장 뿡뿡이'를 보여주고 캐릭터의 이름과 특징, 행동 등에 대해서 말해보게 함으로써 수업에 대한 흥미를 유발한다.

활동 방법

① ebs 홈페이지에서 '방귀대장 뿡뿡이' 다시보기를 클릭한다.
 (각 회마다 앞부분 10%씩은 무료 보기할 수 있으며 도입부 1분까지 아이들이 방귀 소리를 내는 장면과 뿡뿡이가 엉덩이를 내밀며 방귀를 뀌는 장면을 볼 수 있다.)
② 화면을 보고 나서 뿡뿡이의 생김새는 어떠한지, 이름은 왜 뿡뿡이일지 자유롭게 발표하도록 한다.

> **[학습문제 제시]**
> 내 느낌을 그림이나 글로 내타내어 봅시다.

[활동 1] '방귀' 읽고 내용 파악하기

활동 목적

교과서의 수록 시에 대하여 잘 이해했는지 묻고 답하는 과정이다.

활동 방법

① 글자 크기가 다르게 표현된 부분에 유의하면서 다함께 '방귀'를 읽는다.
② 빗대어진 사물의 느낌을 살려 실감나게 다시 읽어 본다.
③ 가족들의 방귀를 각각 왜 천둥, 고양이, 피리라고 했는지 생각해 본다.

[활동 2] 우리 가족 방귀 소리 표현하기

활동 목적

교과서에서는 우리 가족의 방귀 소리에 대한 느낌과 특징을 간단히 써보고, 이를 선으로 그려보도록 하고 있다. 이 활동을 보완하여 방귀 소리를 다양한 방법으로 표현하는 활동을 더 제시하였다.

활동 방법

1. 우리 가족의 방귀 소리의 느낌과 특징이 잘 나타나게 글로 써보기
2. 우리 가족의 방귀 소리를 여러 가지 방법으로 표현하기

① 색깔이 있는 선으로 표현하기

② 몸으로 표현하기

③ 소리로 표현하기

- 손등이나 팔 안쪽 부분 등을 이용하여 방귀 소리 내기
- 풍선을 불었다가 바람을 빼며 방귀 소리 내기
- 여러 가지 물체(의자, 책상, 리코더, 리듬악기 등)를 이용하여 방귀 소리 내기

[활동 3] 우리 가족의 방귀 별명 짓기

부록 _ 35쪽

활동 목적

우리 가족의 방귀를 제목으로 시를 쓰기 전에 느낌과 특징을 나타낼 수 있는 사물에 빗대어 표현하는 과정이다.

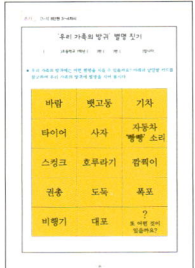

활동 방법

앞의 활동에서 표현했던 가족들의 방귀의 특징을 생각하며 어울리는 별명을 떠올려보도록 한다. 이때 떠올리는 활동을 어려워하는 학생들을 위하여 낱말밭 카드를 주고 골라 쓰도록 해도 좋다.

부록 _ 36쪽

바람	타이어	스컹크	권총	비행기
뱃고동	사자	호루라기	도둑	대포
기차	자동차 '빵빵'	깜찍이	폭포	

[활동 4] '우리 가족의 방귀'로 시 쓰기

활동 목적

교과서에 수록된 시를 읽고 나의 경험을 바탕으로 시를 흉내 내어 써보는 활동이다.

활동 방법

활동 2와 3에서 떠올린 내용을 바탕으로 '방귀'를 흉내 내어 교과서 77쪽에 시를 써보도록 한다.

[활동 5] 내가 쓴 시 다듬고 낭송하기

활동 목적

고쳐 쓰기 과정을 통해 자신이 쓴 시를 점검하게 하고, 재미있고 실감나게 시를

낭송하는 방법을 안내하기 위함이다.

활동 방법

친구들 앞에서 다음 사항에 유의하며 시를 낭송해 본다.
- 시의 내용에 알맞은 얼굴 표정을 지었나요?/ 친구들이 잘 들을 수 있게 낭송하였나요?/ 목소리의 높낮이를 조절하며 노래하듯이 낭송하였나요?/ 말의 빠르기를 조절하며 재미있게 나타내었나요?

[활동 6] 내가 쓴 시 책으로 만들기

활동 목적

학습활동의 완성도를 높이고 학생들에게 성취감을 주기 위한 활동이다.

활동 방법

① 교과서 80쪽처럼 삼각 기둥책 만들기
② 4쪽 아코디언북 만들기
③ 액자책 만들기

[정리] 책 전시 및 상호평가하기

활동 6에서 만든 책을 전시함으로써 성취감을 느끼고 친구의 작품과 나의 작품을 비교, 감상할 수 있다.

[심화활동] 시 흉내 내어 쓰기

활동 목적

학생들은 '방귀'를 읽고, 시와 관련된 자신의 경험을 바탕으로 다양하게 빗대어 시의 표현을 따라 써 보았다. 학생들은 이 활동을 통해 시 쓰기와 관련된 아이디어 생성하기, 아이디어 정리하기, 표현하기, 고쳐 쓰기, 발표하기의 과정을 학습하였다.

심화활동에서는 학생들이 자신의 경험을 잘 떠올릴 수 있는 '소풍 전날 밤'이라는 시를 위와 같은 과정으로 흉내 내어 써봄으로써 한 단계 높은 수준의 학습이 이루어질 수 있도록 하였다.

활동 방법

① 부록 37쪽에 있는 '소풍 전날 밤'이라는 시를 읽고 자신의 경험을 떠올린다.
② 떠올린 경험을 바탕으로 부록 38쪽의 학습지에 시를 써본다.

부록 _ 37쪽

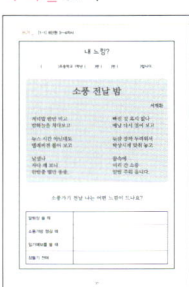

부록 _ 38쪽

1학년 2학기 1단원

즐거운 마음으로

1차시 일이 일어난 차례에 따라 이야기를 정리하며 좋은 점 알아보기

2차시 일이 일어난 차례를 나타내는 말 알아보기

3~4차시 일이 일어난 차례를 생각하며 이야기를 듣고 내용 간추리기

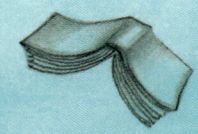

듣기 · 말하기

일이 일어난 차례에 따라 이야기를 정리하여 말하여 봅시다.

단원 소개

이 단원은 이야기를 사건의 순서에 따라 말하게 함으로써 서사적 말하기의 기초 능력을 기르는 데에 목적이 있다. 따라서 이 단원에서는 일이 일어난 순서를 나타내는 '어제, 토요일에, 주말에, 아침에, 저녁에' 등과 같은 시간적 표현과 '처음에, 그 다음에, 그 후, 그래서, 그리고, 그러니까, 그러다가, 결국' 등과 같은 접속 표현에 대해서 정확하게 익히고, 이야기와 관련된 그림을 사건의 순서에 따라서 배열하여 일이 일어난 차례대로 말할 수 있도록 하였다.

이야기를 들은 후에 내용을 바르게 이해하고 정확하게 이야기를 순서대로 말할 수 있도록 하는 다양한 활동이 필요하다. 예를 들면 일이 일어난 차례대로 말하기를 도와줄 수 있는 간단한 학습 자료를 스스로 만들어 보는 활동이 이에 해당된다.

이 단원의 마지막 차시에서는 일이 일어난 차례를 나타내는 말을 충분히 익혀 이야기의 차례를 간추려 말하는 활동에 중점을 두고 있다. 따라서 학습자 스스로 이야기의 사건 전개 순서에 따라 차례를 나타내는 알맞은 말을 사용할 수 있게 해야 한다. 이런 과정 속에서 학생들은 이야기의 서사를 이해하는 능력과 자신의 언어로 서사를 간추려 말하는 능력을 길를 수 있을 것이다.

제재 분석

『흥부와 놀부』는 학생들 대부분이 잘 알고 있는 우리나라의 옛이야기이다. 교과서에는 『흥부와 놀부』 이야기 중에서 흥부가 부러진 제비 다리를 고쳐주고, 이듬해 봄 제비에게 받은 박씨를 심어 그 해 가을에 열린 박을 통해서 큰 부자가 된다는 부분만 수록되어 있다. 착한 일을 한 사람은 복을, 나쁜 일을 한 사람은 반드시 벌을 받는다는 '권선징악'의 교훈이 강하게 드러나는 『흥부와 놀부』 이야기를 통해서 학생들은 재미와 교훈도 함께 얻을 수 있을 것이다.

『두고보자! 커다란 나무』는 일본 작가 '사노 요코'가 지은 책으로 일상생활 속에서 늘 곁에 있는 것의 소중함을 모르고 지내다가 그것이 결핍되고 난 다음에야 소중함을 느낀다는 생활 감동 동화이다. 봄, 여름, 가을, 겨울의 각 계절마다 커다란 나무가 주는 혜택보다는 불편함이 더 크다고 생각했던 아저씨는 결국 커다란 나무를 베어버린다. 이야기는 나무를 베어버린 채, 4계절을 보낸 아저씨가 결국 눈물을 흘리며 후회하다가 베어버린 나무에서 새싹을 발견하고 그것을 정성스럽게 가꾸기 시작하는 내용으로 마무리된다. 커다란 나무와 함께한 사계절과 나무를 베어버린 후의 사계절을 비교하며 읽으면서 자연의 소중함을 함께 배울 수 있을 것이다.

교과서 단원 구성

차시	교과서 쪽수	차시 문제	교과서 학습활동
1	듣말 6~7	일이 일어난 차례에 따라 이야기를 정리하여 말하면 좋은 점을 알아봅시다.	1. 여름방학에 즐거웠던 일 이야기하기 2. 『지수와 철수가 한 말』 듣기 3. 『지수와 철수가 한 말』 듣고 비교하여 말하기 4. 일이 일어난 차례에 따라 정리하여 말하면 좋은 점 알아보기
2	듣말 8~9	일이 일어난 차례를 나타내는 말을 알아봅시다.	1. 『흥부와 놀부』 듣기 2. 일이 일어난 차례를 나타내는 말 ○표 하기 3. '시간을 나타내는 말'과 '이어 주는 말' 나누어 붙임딱지 붙이기 4. 일이 일어난 차례를 나타내는 말 알아보기
3~4	듣말 10~14	일이 일어난 차례를 나타내는 말을 사용하여 말해봅시다.	1. 『두고보자! 커다란 나무』 듣기 2. 일이 일어난 차례대로 정리하기 3. 일이 일어난 차례를 나타내는 말을 사용하여 이야기 간추려 말하기

1차시

쪽수 _ 듣기·말하기 6～7쪽

신데렐라

 학습개요

1	일이 일어난 차례에 따라 이야기를 정리하여 말하면 좋은 점을 알아봅시다.
2	일이 일어난 차례를 나타내는 말을 알아봅시다.
3～4	일이 일어난 차례를 나타내는 말을 사용하여 말해봅시다.

동기유발	★ 뒤죽박죽 신데렐라 이야기 들려주기

⬇

학습문제 제시	일이 일어난 차례에 따라 이야기를 정리하여 말하면 좋은 점을 알아봅시다.

⬇

활동	★ 일이 일어난 차례대로 그림 배열하기 ★ 순서대로 배열한 그림을 보고 이야기 듣기 ♥ 일이 일어난 차례대로 정리하여 말하면 좋은 점 말하기

⬇

정리	★ 순서가 바뀐 짧은 문장 원래대로 배열해 보기 ★ 순서에 맞게 노래가사 고쳐 부르기

♥ 교과서 관련 활동 / ★ 추가 제시 활동

 수업활동

[동기유발] 뒤죽박죽 신데렐라 이야기 들려주기

활동 목적

교과서에서는 여름방학에 외갓집에 다녀온 일을 이야기로 들려주는 것을 동기유발로 제시하였는데, 이것을 학생들이 잘 알고 있는 신데렐라 이야기로 재구성하였다. 신데렐라 이야기 속에 일어난 일의 순서를 바꾸어 들려주면서 자연스럽게 학습 목표와 연계한다.

활동 방법

① 신데렐라 이야기를 알고 있는지 학생들에게 물어본다.
② "선생님이 알고 있는 신데렐라 이야기를 들려줄테니, 여러분이 알고 있는 신데렐라 이야기와 비교해서 들어보세요."

> 요정은 신데렐라가 파티에서 입을 수 있는 드레스를 주었어요. 신데렐라는 왕자님을 만나서 즐거운 시간을 보냈어요. 신데렐라는 호박마차에 올라 파티장으로 향하기 시작했어요. 울고 있는 신데렐라에게 갑자기 요정이 나타났어요.

③ 선생님이 들려준 신데렐라 이야기에 대해서 학생들이 말하여 볼 수 있도록 한다.
  (예) 이야기 순서가 이상해요. 이야기가 뒤죽박죽이에요.

---[학습문제 제시]---
일이 일어난 차례에 따라 이야기를 정리하여 말하면 좋은 점을 알아봅시다.

[활동 1] 일이 일어난 차례대로 그림 배열하기

활동 목적

학생들이 신데렐라 이야기를 잘 알고 있지만, 일이 일어난 차례대로 이야기를 정리하기에는 어려움이 있을 수 있다. 그래서 사전 활동으로 신데렐라 동화를 조각 그림 형태로 제시하여 학생들이 일이 일어난 차례대로 그림을 배열해 보는 활동을 통해 이야기의 순서를 쉽게 파악할 수 있도록 한다.

활동 방법

① 신데렐라 동화의 이야기 순서를 뒤바꾸어 조각 만화로 학생들에게 제시한다.
② 학생들이 이야기 순서에 따라 그림을 배열해 볼 수 있게 한다.

신데렐라 (오지현 옮김 / 예림당)

[활동 2] 순서대로 배열한 그림을 보고 이야기 듣기

 부록 _ 39쪽

활동 목적

　일이 일어난 차례대로 배열한 신데렐라 그림에 맞게 이야기를 들려주어 순서에 맞지 않는 이야기와 순서에 맞는 이야기를 비교해 볼 수 있도록 한다.

활동 방법

① 일이 일어난 순서대로 배열한다.
② 배열한 그림 순서에 맞게 신데렐라 이야기를 들려준다.

> 　울고 있는 신데렐라에게 갑자기 요정이 나타났어요. 요정은 신데렐라가 파티에서 입을 수 있는 드레스를 주었어요. 신데렐라는 호박마차에 올라 파티장으로 향하기 시작했어요. 신데렐라는 왕자님을 만나서 즐거운 시간을 보냈어요.

[활동 3] 일이 일어난 차례대로 정리하여 말하면 좋은 점 말하기

활동 목적

　순서가 맞지 않는 이야기와 순서에 맞는 이야기를 비교함으로써 일이 일어난 차례에 맞게 정리한 이야기가 듣는 사람이 이해하기 쉽다는 것을 학생들이 예시 자료를 통해 한 눈에 파악할 수 있도록 한다.

활동 방법
① 활동 1의 이야기와 활동 2에서 순서에 맞게 꾸민 이야기를 다시 들려준다.
② 둘 중 내용을 이해하기 쉬웠던 이야기가 어느 것인지 말하여 본다.

[정리 1] 순서가 바뀐 짧은 문장 원래대로 배열해 보기
활동 목적
일이 일어난 차례대로 정리하여 말하면 좋은 점이 무엇인지 학생들이 공감하기 쉬운 짧은 문장들을 통해 수업 내용을 정리한다.

활동 방법
① 학생들에게 순서가 바뀐 문장을 제시한다.
   (예) 미실이는 치과에 갔어요. 미실이는 이가 너무 아팠어요.
   ➡ 미실이는 이가 너무 아팠어요. 그래서 미실이는 치과에 갔어요.
② 수업 내용 정리를 위한 발문하기
   (예) 일이 일어난 차례대로 정리하여 말했을 때의 좋은 점은 무엇인가요?

[정리 2] 순서에 맞게 노래가사 고쳐 부르기
활동 목적
학생들이 잘 알고 있는 노래와 율동을 통해 순서에 맞게 말하면 좋은 점을 정리한다.

활동 방법
①「씨앗」노래의 가사를 바꾸어 들려준다.
② 순서가 어색한 부분을 함께 찾는다.
③ 원래 가사로 고쳐 부른다.

| 싹 싹 싹이 났어요. 꼭 꼭 물을 주었죠. 하룻밤 이틀밤 쉿 쉿 쉿 뽀드득 뽀드득 뽀드득 씨를 뿌려요. | 씨 씨 씨를 뿌리고 꼭 꼭 물을 주었죠. 하룻밤 이틀밤 쉿 쉿 쉿 뽀드득 뽀드득 뽀드득 싹이 났어요. |

씨앗 (김성균 작사·작곡)

④ 수업 내용 정리를 위한 발문을 한다.
   (예) 일이 일어난 차례대로 정리하여 말하면 좋은 점은 무엇인가요?

2차시

쪽수 _ 듣기·말하기 8~9쪽

흥부와 놀부

 학습개요

1	일이 일어난 차례에 따라 이야기를 정리하여 말하면 좋은 점을 알아봅시다.
2	일이 일어난 차례를 나타내는 말을 알아봅시다.
3~4	일이 일어난 차례를 나타내는 말을 사용하여 말해봅시다.

동기유발	★ 셀로판지 마술을 통한 동기유발 ★ 흥부가 선생님에게 보낸 가상 편지 내용 들려주기

⬇

학습문제 제시	일이 일어난 차례를 나타내는 말을 알아봅시다.

⬇

활동	♥ 『흥부와 놀부』를 듣고, 일이 일어난 순서를 생각하며 펼침북 만들기 ♥ 일이 일어난 차례대로 말하기 – 펼침북으로 말해요

⬇

정리	★ 숨은 단어 찾기 놀이

♥ 교과서 관련 활동 / ★ 추가 제시 활동

 수업활동

[동기유발 1] 셀로판지 마술을 통한 동기유발

활동 목적

　마술을 활용하여 학생들의 흥미와 관심을 유도한다. 학생들이 셀로판지로 가려져 있는 있는 부분이 무엇일까를 고민하게 함으로써 자연스럽게 공부할 내용에 접근할 수 있도록 한다.

준비물 _ 셀로판지, 인쇄물

활동 방법

① 서로 색이 다른 컬러 셀로판지를 2장과 학생들에게 제시할 문장을 준비한다.

② "아침에 윤슬이는 늦게 일어났습니다. 그래서 윤슬이는 학교에 지각했습니다."를 종이에 인쇄할 때, '아침에'와 '그래서'는 셀로판지와 같은 색깔로 인쇄한다.

③ 준비한 셀로판지를 '아침에'와 '그래서' 위에 고정시킨 다음에 칠판에 붙인다.
　(셀로판지와 같은 색깔이기 때문에 글씨가 보이지 않는다.)

④ 셀로판지에 의해서 가려진 부분을 빼고 학생들에게 읽어주고, 무엇이 어색한지 말하게 한다. 그런 다음에 가려진 부분에 들어갈 알맞은 말이 무엇인지 발표하게 한다.

⑤ 셀로판지를 떼어 내어서, 셀로판지에 의해서 가려진 부분이 무엇인지 학생들에게 확인시켜주고, 셀로판지를 떼어놓고 읽었을 때와 그렇지 않을 때를 비교해서 말하게 한다.

[동기유발 2] 흥부가 선생님에게 보낸 가상 편지 내용 들려주기

활동 목적

이야기 속의 인물이 쓴 편지를 들려주는 활동을 통해 학생들이 알고 있는 옛이야기의 내용을 상기시키고, 일이 일어나는 차례를 나타내는 말에는 어떤 것이 있는지 자연스럽게 알 수 있게 한다.

활동 방법

○○○ 선생님께

선생님 안녕하세요? 저는 흥부입니다. 최근에 저는 부자가 되었습니다. ㉮작년에 제비가 박씨를 물어다 주었습니다. ㉯그래서 박씨를 심었더니 큰 박이 열렸어요.

박을 잘랐더니, 그 안에 금은보화가 들어 있었답니다. ㉰아마 재작년 여름에 제가 제비 다리를 고쳐주었더니 은혜를 갚으려 했던 것 같습니다. 그리고 ㉱며칠 전에 저의 형님 놀부가 거지가 되어 찾아왔습니다. 무슨 일이 있었는지 말씀을 안해주시네요.

아무튼 선생님께서도 착하게 사시기 바랍니다.

흥부 올림

---

① 흥부에게 일어난 일이 무엇인지 학생들에게 질문한다.
  (예) 흥부에게 어떤 일이 있었나요?
② 흥부에게 일어난 일을 차례대로 가~마까지 기호를 가지고 말할 수 있도록 한다.
  (예) 흥부에게 일어난 일을 기호 가, 나, 다, 라의 내용을 가지고 순서대로 얘기해 볼 학생 있나요?
③ 학생들에게 일이 일어난 차례대로 정리하는 방법에 대해 발문한다.
  (예) 어떻게 흥부에게 일어난 일을 차례대로 정리할 수 있었나요?

여기서 잠깐

일이 일어난 차례를 나타내는 말에는 시간 표현(올해, 작년, 봄, 겨울 등)과 접속 표현(그래서, 그리고)이 있다. 접속 표현이 차례를 나타내는 말이라는 개념을 이해하기 어렵기 때문에 학생들에게 예를 들어서 설명하도록 한다.

[학습문제 제시]
일이 일어난 차례를 나타내는 말을 알아봅시다.

[활동 1] 『흥부와 놀부』를 듣고, 일이 일어난 순서를 생각하며 펼침북 만들기

활동 목적

이야기를 듣고 일이 일어난 순서를 생각하며 〈보기〉에서 일이 일어난 차례를 나타내는 말을 골라 펼침북을 만들어 본다. 이 활동을 통해 자연스럽게 일이 일어난 차례를 나타내는 말이 무엇인지 알 수 있게 한다.

활동 방법

① 『흥부와 놀부』 이야기의 그림과 펼침북을 학생 수 만큼 미리 준비한다.
② 『흥부와 놀부』 이야기를 학생들에게 들려준다.
③ 이야기 속의 일이 일어난 순서에 따라 개인별로 그림을 배열하게 한다.
④ 펼침북에 그림을 붙이고 그림과 그림 사이에 일이 일어난 차례를 나타내는 말을 〈보기〉에서 찾아 쓴다.
⑤ 개별 활동이 끝난 후 교사가 학생들과 함께 일이 일어난 차례에 따라 칠판에 그림을 배열하고 그림 사이에 들어갈 알맞은 말이 무엇인지 함께 이야기해 본다.

펼침북 제작 방법

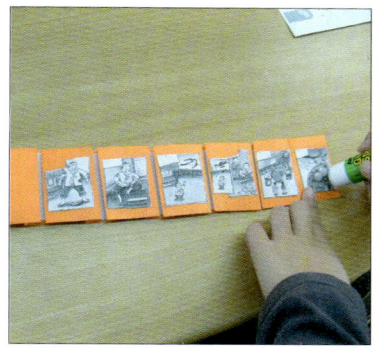

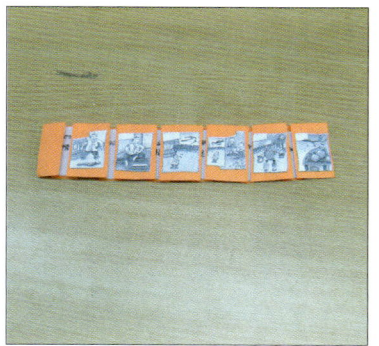

준비물 _ 『흥부와 놀부』 그림, 도화지, 가위, 풀

완성된 펼침북

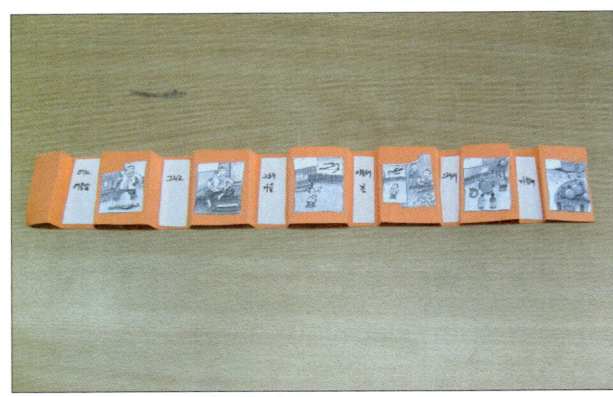

[활동 2] 일이 일어난 차례대로 말하기 – 펼침북으로 말해요

활동 목적

학생들이 직접 제작한 펼침북을 활용하면 발표하는 사람은 보다 자신감을 가지고 발표할 수 있고 듣는 사람은 이야기에 좀더 집중하면서 들을 수 있다.

활동 방법

'돌아가며 말하기' 방법으로 발표한다. 펼침북을 하나씩 펼치면서 나오는 삽화를 보며 어떤 일이 일어났는지 말한다. 발표가 끝나면 모둠의 다음 학생이 발표한다.

[정리] 숨은 단어 찾기 놀이

활동 목적

네모 칸 속에 한 글자씩 써 놓고 가로, 세로, 또는 대각선으로 연결하여 차례를 나타내는 말을 찾아내는 놀이 활동을 통해 이번 차시에서 배운 내용을 다시 한 번 복습하게 한다.

활동 방법

① 교사가 TV를 통해서 PPT자료 화면으로 제시한다.

② 가로, 세로, 대각선으로 글자를 연결하여 보면서 이번 차시에서 배운 차례를 나타내는 말이 무엇이 있는지 찾아보게 한다.

③ 교사가 제시하는 단어 외에 학생들이 알고 있는 차례를 나타내는 말을 교과서 9쪽에 적어 보도록 한다.

부록 _ 40쪽

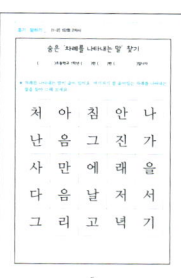

처	아	침	안	나
난	음	그	진	가
사	만	에	래	을
다	음	날	저	서
그	리	고	녁	기

3~4차시 (1)

쪽수 _ 듣기·말하기 10~14쪽

두고 보자! 커다란 나무

 학습개요

1	일이 일어난 차례에 따라 이야기를 정리하여 말하면 좋은 점을 알아봅시다.
2	일이 일어난 차례를 나타내는 말을 알아봅시다.
3~4	일이 일어난 차례를 나타내는 말을 사용하여 말해봅시다.

동기유발	★ 선생님, 이야기가 이상해요 – 차례를 나타내는 알맞은 말 넣어서 말해보기
학습문제 제시	일이 일어난 차례를 나타내는 말을 사용하여 말해봅시다.
활동	♥ 이야기 듣고 내용 파악하기 ♥ 일이 일어난 차례를 생각하며 펄럭펄럭책 만들기 ♥ 일이 일어난 차례로 나타내는 말을 사용하여 간추려 말하기 – 펄럭펄럭책으로 돌아가며 말해요
정리	★ 차례를 나타내는 말을 사용하여 간단한 이야기 만들기 ★ 일이 일어난 차례에 따라 말잇기 놀이하기

[심화활동] 『두고 보자! 커다란 나무』 도서관에서 찾아 읽어보기

♥ 교과서 관련 활동 / ★ 추가 제시 활동

 수업활동

[동기유발] 선생님, 이야기가 이상해요 - 차례를 나타내는 알맞은 말 넣어서 말해보기

활동 목적

이야기를 구성하는 문장에서 차례를 나타내는 말이 생략되었을 경우, 이야기의 흐름이 매끄럽지 못하고 어색하다는 것을 학생들이 느끼게 한다. 그리고 이야기의 흐름을 매끄럽게 하기 위해 차례를 나타내는 알맞은 말을 넣어야 함을 깨닫도록 한다.

활동 방법

① 학생들에게 TV화면으로 사진과 사진의 상황을 나타내는 문장을 제시한다..
② 학생들에게 문장을 읽어보게 하고 느낌을 말해보도록 한다.
③ 학생들에게 문장 표현이 왜 이상한지 또는 왜 어색한지 발표해보도록 한다.
④ 문장 표현을 매끄럽게 만들기 위해서는 어떻게 해야되는지 발표해보도록 한다.

[학습문제 제시]

일이 일어난 차례를 나타내는 말을 사용하여 말해봅시다.

[활동 1] 이야기 듣고 내용 파악하기

활동 목적

아저씨가 나무를 베기 전과 베고난 후에 계절마다 어떤 일이 있었는지 알아보는 활동을 통해서 학생들이 이야기의 내용을 자세하게 이해할 수 있도록 한다.

활동 방법

교사는 미리 내용 파악을 위한 질문을 준비한다. 질문에 답하면서 자연스럽게 이

야기의 구성 요소를 알 수 있도록 하면 좋다.

① 언제 일어난 일인가요? (시간적 배경 알기)

② 어디에서 일어난 일인가요? (공간적 배경 알기)

③ 등장인물은 누구인가요? (등장인물 알기)

④ 나무를 베기 전 아저씨는 봄, 여름, 가을, 겨울에 무엇을 했나요? (사건 알기)

⑤ 나무를 베고 난 후에 아저씨는 봄, 여름, 가을, 겨울에 무엇을 했나요? (사건 알기)

⑥ 아저씨는 나무를 어떻게 생각했나요? (아저씨의 성격 알기)

⑦ 아저씨는 나무를 왜 베어버렸나요? (사건 알기)

[활동 2] 일이 일어난 차례를 생각하며 펄럭펄럭책 만들기

활동 목적

일이 일어난 순서에 따라 펄럭펄럭책을 만든다. 펄럭펄럭책을 만들면서 자연스럽게 일이 일어난 차례를 정리할 수 있다.

준비물 : 펄럭펄럭책 도안, 가위
상호평가표,
교과서 붙임딱지

펄럭펄럭책 제작 방법

① 16절 도화지를 길게 반으로 접어서 자른다.

② 길게 반으로 접은 도화지를 짧게 두 번 접어서 8등분한다.

③ 도화지의 8등분한 윗부분만 접힌 선에 따라서 자른다.

④ 붙임자료를 순서에 맞게 붙인다.

부록 _ 41쪽

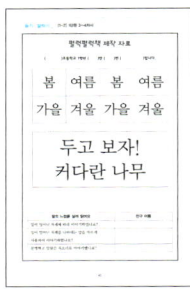

완성된 펄럭펄럭책

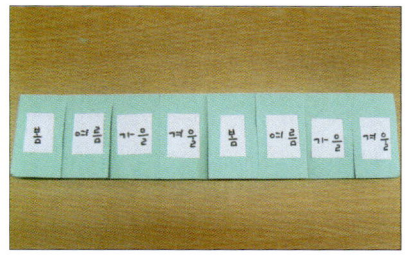

[활동 3] 일이 일어난 차례로 나타내는 말을 사용하여 간추려 말하기
 – 펄럭펄럭책으로 돌아가며 말해요

활동 목적

이 활동은 차시 목표학습에 해당하는 활동으로, 사건의 순서에 따라 일이 일어난 차례를 나타내는 말을 골라 간추려 말하는 활동이다. 이야기를 간추려 말할 때 펄럭펄럭책을 활용하여 말하면 이야기 내용을 쉽게 기억하여 자신감을 가지고 말할 수 있고 듣는 사람은 이야기에 좀더 집중하면서 들을 수 있다.

활동 방법

① 발표자는 펄럭펄럭책에 붙여놓은 삽화를 한 장씩 펼치면서 일이 일어난 차례를 나타내는 말을 골라 이야기 속 사건의 순서에 따라 어떤 일이 일어났는지 말한다.
② 돌아가며 말하기의 방법으로 모둠원의 발표가 모두 끝나면, 펄럭펄럭책에 붙여놓은 상호평가표에 잘한 친구의 이름을 적는다.

〈 상호평가표 예시 〉

평가 내용	친구 이름
이름 : (	)
일이 일어난 차례에 따라 이야기했나요?	
일이 일어난 차례를 나타내는 말을 바르게 사용하여 이야기했나요?	
분명하고 알맞은 목소리로 이야기했나요?	

[정리 1] 차례를 나타내는 말을 사용하여 간단한 이야기 만들기

활동 목적

교사가 차례를 나타내는 낱말을 2개 정도 제시하면 학생들은 이 낱말을 사용하여

간단한 문장을 만든다. 그리고 자신이 만든 문장을 발표하며 배운 내용을 정리하고 스스로 잘 하였는지 점검해보도록 한다.

활동 방법

① 학생들은 교사가 제시한 낱말을 활용하여 간단한 문장을 만든다.

(예) 교사가 제시한 낱말 : 오늘, 그래서

- 오늘 배가 너무 고팠습니다. 그래서 밥을 많이 먹었습니다.
- 오늘 집에 가는데 갑자기 넘어졌습니다. 그래서 다리에 피가 났습니다.

[정리 2] 일이 일어난 차례에 따라 말잇기 놀이하기

활동 목적

일이 일어난 차례를 생각하며 다음에 올 내용을 이어말하는 놀이 활동을 통해 배운 내용을 정리한다.

활동 방법

① 교사가 먼저 말잇기 놀이를 위한 첫 번째 내용를 제시한다.

(예) 윤슬이가 아침에 일어났어요.

② 첫 번째 내용 다음에 올 수 있는 알맞은 내용을 이어서 발표해보도록 한다.

(예) 사람 1 : 윤슬이가 아침에 일어났어요. 그리고 세수를 하고 밥을 먹었어요.

사람 2 : 윤슬이가 아침에 일어났어요. 그리고 세수를 하고 밥을 먹었어요. 그리고 학교에 등교하기 위해서 집을 나섰어요. 등

 이런 활동도 있어요

[심화활동] 『두고 보자! 커다란 나무』 도서관에서 찾아 읽어보기

활동 목적

3차시 교과서에 수록된 작품의 제목은 『두고 보자! 커다란 나무』이다. 교과서 제재에 수록된 작품을 도서관에서 원작을 찾아 읽어 봄으로써 독서 욕구와 흥미를 부여하고 적극적인 감상태도를 갖도록 할 수 있다.

두고 보자! 커다란 나무
(사노 요코 / 시공사)

3~4차시 (2) | 3~4차시의 제재글을 교체하여 구안한 수업입니다.

줄줄이 꿴 호랑이

 학습개요

1	일이 일어난 차례에 따라 이야기를 정리하여 말하면 좋은 점을 알아봅시다.
2	일이 일어난 차례를 나타내는 말을 알아봅시다.
3~4	일이 일어난 차례를 나타내는 말을 사용하여 말해봅시다.

| 동기유발 | ★ 옛이야기 순서 맞추기 |

⬇

| 학습문제 제시 | 일이 일어난 차례를 나타내는 말을 사용하여 말해봅시다. |

⬇

활동	♥ 이야기 듣고 내용 파악하기
	★ 일이 일어난 차례를 생각하며 달팽이책 만들기
	♥ 일이 일어난 차례대로 이야기 간추려 말하기
	– 달팽이책으로 돌아가며 말해요

⬇

| 정리 | ★ 일이 일어난 차례에 따라 말잇기 놀이하기 |

♥ 교과서 관련 활동 / ★ 추가 제시 활동

 수업활동

[동기유발] 옛이야기 순서 맞추기
활동 목적

이 차시의 학습 목표는 일이 일어난 차례에 따라 이야기를 말하는 것이다. 학생들에게 친숙한 옛이야기의 내용을 순서를 뒤섞어 들려준 후에 일이 일어난 차례대로 말하여 보도록 한다.

활동 방법

① 학생들이 알고 있는 옛이야기가 무엇이 있는지 물어본다.
② 선생님이 알고 있는 옛이야기를 들려주겠다고 한 다음에, 학생들이 알고 있는 옛이야기와 비교해서 이야기의 순서를 맞추어 볼 수 있도록 한다.

> ㉠ 자라는 자신의 등에 토끼를 태우고 용궁으로 데려왔습니다.
> ㉡ 그래서 용왕은 자라를 육지로 보내며 토끼를 만나서 용궁으로 데려오라고 하였습니다.
> ㉢ 옛날에 바다속 용궁의 용왕이 병이 들었는데 병을 낫게 할 수 있는 방법은 토끼의 간을 먹어야 된다고 의원이 말해주었습니다.
> ㉣ 바다 속 용궁을 출발하여 겨우 육지에 도착한 자라는 온 육지를 뒤져서 결국 토끼를 만났습니다.

[학습문제 제시]
일이 일어난 차례를 나타내는 말을 사용하여 말해봅시다.

[활동 1] 이야기 듣고 내용 파악하기
활동 목적

『줄줄이 꿴 호랑이』의 내용을 잘 이해하였는지 확인하는 묻고 답하기 활동이다.

활동 방법

교사는 미리 내용 파악을 위한 질문을 준비한다. (질문은 PPT자료로 제작하여 사용하면 좋다.) 질문에 대답하면서 자연스럽게 이야기의 구성 요소를 알도록 한다.

① 언제 일어난 일인가요? *(시간적 배경 알기)*
② 어디에서 일어난 일인가요? *(공간적 배경 알기)*

줄줄이 꿴 호랑이 (권문희 / 사계절)

③ 등장인물은 누구인가요? (등장인물 알기)

④ 게으른 아이는 왜 똥을 모아서 구덩이에 붓고 참깨나무를 심었나요? (사건 알기)

⑤ 게으른 아이는 호랑이를 잡기 위해서 어떻게 했나요? (사건 알기)

⑥ 호랑이를 잡기 전에, 어머니는 게으른 아이를 어떻게 생각했을까요?

(주인공의 성격 알기)

[활동 2] 일이 일어난 차례를 생각하며 달팽이책 만들기

활동 목적

일이 일어난 순서에 따라 달팽이책을 만든다. 달팽이책을 만들면서 자연스럽게 이야기 속의 일이 일어난 차례를 정리할 수 있다.

부록 _ 42쪽

준비물 _ 가위, 풀, 머매드지

달팽이책 제작 방법

① 16절 도화지를 가로, 세로 반으로 1번씩 접는다.

② 16절 도화지에 길이가 긴 부분을 아래쪽으로 향하게 한다.

③ 16절 도화지의 정중앙에서부터 아래쪽으로 1번 자르고 돌아가며 접는다.

④ 이야기의 삽화를 순서에 맞게 붙인다.

⑤ 달팽이책의 마지막 부분에 상호평가표를 붙인다.

 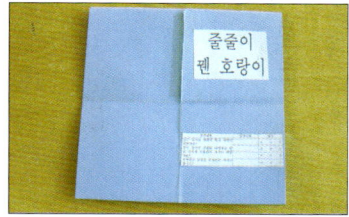

〈 상호평가표 예시 〉

이름 : (   )

평가 내용	친구 이름
일이 일어난 차례에 따라 이야기하였나요?	
일이 일어난 차례를 나타내는 말을 바르게 사용하여 이야기했나요?	
분명하고 알맞은 목소리로 이야기했나요?	

[활동 3] 일이 일어난 차례대로 이야기 간추려 말하기
　　　　 - 달팽이책으로 돌아가며 말해요

활동 목적

이 활동은 차시 목표학습에 해당하는 활동으로 차례를 나타내는 말을 사용하여 이야기의 내용을 차례대로 간추리는 활동이다. 달팽이책를 활용하면 발표하는 사람은 이야기의 내용을 상기하면서 자신감을 가지고 발표할 수 있고 듣는 사람은 이야기에 좀더 집중하면서 들을 수 있다. 달팽이책을 가지고 말하는 활동을 통해 서로 상호평가할 수 있도록 한다.

준비물 _ 달팽이책

활동 방법

① 발표자는 달팽이책에 붙여놓은 삽화를 달팽이책을 접는 순서에 따라 한 장씩 접으면서 일이 일어난 차례를 나타내는 말을 골라 이야기속의 사건의 순서에 따라 어떤 일이 일어났는지 말한다. 발표가 끝나면 다음 순서의 학생이 달팽이책을 이용하여 같은 방법으로 발표한다.

② 돌아가며 말하기의 방법으로 모둠원의 발표가 모두 끝나면, 달팽이책에 붙여둔 상호평가표에 잘한 친구의 이름을 적는다.

[정리] 일이 일어난 차례에 따라 말잇기 놀이하기

활동 목적

일이 일어난 차례를 생각하며 다음에 올 내용을 이어 말하는 놀이 활동을 통해 배운 내용을 정리한다.

활동 방법

① 교사가 먼저 말잇기 놀이를 위한 첫 번째 내용을 제시한다.

　　(예) 윤슬이가 아침에 일어났어요.

② 첫 번째 내용 다음에 올 수 있는 알맞은 내용을 이어서 발표해보도록 한다.

　　(예) 윤슬이가 아침에 일어났어요.
　　　　　그리고 세수를 하고 밥을 먹었어요.
　　　　　그리고 학교에 등교하기 위해서 나섰어요. 등

 이런 책도 있어요

줄줄이 꿴 호랑이
(글·그림 권문희 / 사계절)

정말 게으른 아이가 산에 있는 모든 호랑이를 한 줄에 꿰기 위해서 벌이는 사건이 흥미진진하게 펼쳐지는 옛이야기 그림책이다.

 참고자료

[다시 이야기하기]

　다시 이야기하기는 이야기 글을 읽은 후, 초인지적 성찰 능력을 길러주고 요약하기 능력을 신장시키기 위해 사용되는 기법이다. 이 방법으로 글 구조를 반영하여 이야기 글을 요약하는 방법을 학습시킬 수 있다. 주로 읽기 후 활동에서 사용할 수 있다. 지도 절차는 다음과 같다.

초등 국어과 교수·학습 방법
(신헌재 외 / 박이정)

① 학생들에게 '인물, 배경, 문제점, 시도, 해결'과 같은 이야기의 주요 내용을 파악하기 위해서는 읽은 이야기를 다시 말하는 것이 필요하다는 것을 설명한다.
② 교사가 짧은 이야기를 읽고 나서 '다시 이야기하기'를 시범 보인다. 교사는 시범 보인 이야기의 요소를 언급하면서 강조한다. 이 때, [그림 4]에 제시한 '다시 이야기하기' 학습지나 이야기 지도(story map) 등과 같이 이야기 구조를 시각적으로 표현한 자료들을 사용하는 것이 좋다.
③ 다른 이야기를 읽어 주고, 소집단별로 이야기를 다시 말해보도록 지도한다.
④ 반 전체와 소집단에서 얻은 정보를 나눈다. 이야기 구조의 모든 요소들이 설명되었는지 확인한다.
⑤ 학생들에게 '다시 이야기하기' 방법을 구두로 발표할 때, 글로 쓸 때, 시각적으로 재현할 때, 연극으로 표현할 때 활용하도록 격려한다.

누가?	언제?
무슨 일이?	어떻게 끝났는가?

1학년 **2**학기 **1**단원

즐거운 마음으로

1차시   시를 읽고, 흉내 내는 말이 주는 느낌 알기

2~3차시   시를 읽고, 생각과 느낌 말하기

4차시   이야기를 읽고, 인물의 마음 알기

5~6차시   그림 동화를 읽고, 인물에 대한 생각과 느낌 말하기

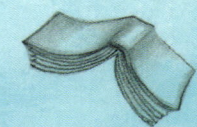

읽기

시를 읽고, 생각과 느낌을 말하여 봅시다. 이야기를 읽고, 인물에 대한 생각과 느낌을 말하여 봅시다.

단원 소개

이 단원은 흉내 내는 말이 있는 시를 읽고, 표현의 풍부함과 재미를 느껴 자기의 생각과 느낌을 말해보는 능력을 기르는 데 목적이 있다. 또 이야기의 인물이 한 일을 그림과 글에서 찾아보고 인물에 대한 생각과 느낌을 말하는데 목적이 있다.

이에 따라 흉내 내는 말에서 재미를 느끼게 하는 데에, 흉내 내는 말이 어떤 느낌을 주는지 말해 보는 능력을 기르는데 중점을 두었다. 또한 그림 동화를 읽고 글을 통해 인물이 한 일을 알아봄으로써 글을 통해 알 수 있는 내용뿐만 아니라 그림을 통해 알 수 있는 내용에도 주의를 기울여 이야기를 이해하는 능력을 기르는데 중점을 두었다.

제재 분석

「아침」은 흉내 내는 말(의성어, 의태어)를 감각적으로 사용한 동시이다. 간략한 내용이면서도 말의 내용과 느낌이 풍부하기 때문에, 학생들이 흉내 내는 말을 효과적으로 접할 수 있다. 수업활동을 돕기 위해 흉내 내는 말이 시 안에서 어떤 역할을 하고 있는지에 대한 활동을 넣었다.

「그만뒀다」는 흉내 내는 말을 사용하여 강아지와 고양이의 모습을 실감 나게 표현한 동시이다. 글쓴이의 마음의 흐름이 잘 표현되어 있기 때문에 1학년 학생들도 시를 읽으면서 글쓴이의 감정의 변화를 쉽게 이해할 수 있다. 본 글에서는 흉내 내는 말을 실감 나게 읽을 수 있는지 확인할 수 있는 활동을 넣었다.

『고양이는 나만 따라해』는 『만희네 집』, 『시리동동 거미동동』을 집필한 권윤덕 작가의 그림 동화 작품이다. 이전 작품에서도 느낄 수 있었던 작가의 섬세한 표현 기법이 이 작품에서도 여실히 드러나 있어 인물의 표정, 모습을 떠올리는 이 단원의 학습에 좋은 텍스트이다. 그리고 이야기에 등장하는 여자 아이는 고양이가 자신의 행동을 따라하는 상황마다 '고양이는 나만 따라해'라고 말하는데 그 부분에서 작위적이지 않은 말의 반복의 재미를 느낄 수 있다. 일상 속에서 자꾸 사용하던 말이기에 공감할 수 있고 일상에서 충분히 경험할 수 있는 상황이기에 학생들은 즐겁게 작품을 읽을 수 있을 것이다.

🚢 교과서 단원 구성

차시	교과서 쪽수	차시 문제	교과서 학습활동
1	읽기 3~5	시를 읽고, 흉내 내는 말이 주는 느낌을 알아봅시다.	1. 단원 개관 및 학습 안내 2. 흉내 내는 말이 있을 때와 없을 때의 느낌 비교하기
2~3	읽기 6~8	시를 읽고, 생각과 느낌을 말하여 봅시다.	1. 흉내 내는 말이 주는 느낌 알기 2. 시에 대한 느낌 나누기
4	읽기 11~13	그림 동화를 읽고, 그림에 나타난 인물의 몸짓과 표정을 알아봅시다.	1. 『고양이는 나만 따라해』 읽기 2. 그림에 나타난 인물의 몸짓과 표정 알아보기 3. 인물의 몸짓과 표정에 대한 내 생각 말하기
5~6	읽기 14~21	그림 동화를 읽고, 인물에 대한 생각과 느낌을 말하여 봅시다.	1. 『고양이는 나만 따라해』 읽기 2. 인물이 한 일 알아보기 3. 인물에 대한 생각과 느낌 이야기하기 4. 인물에게 내 생각 말하기 5. 그림 동화 찾아 읽고 제목 쓰기

1차시
쪽수_ 읽기 3~5쪽

아침

 학습개요

1	시를 읽고, 흉내 내는 말이 주는 느낌을 알아봅시다.
2~3	시를 읽고, 생각과 느낌을 말하여 봅시다.
4	그림 동화를 읽고, 그림에 나타난 인물의 몸짓과 표정을 알아봅시다.
5~6	그림 동화를 읽고, 인물에 대한 생각과 느낌을 말하여 봅시다.

동기유발	★ 아침에 내가 하는 일 – 돌림노래로 말해요

⬇

학습문제 제시	시를 읽고, 흉내 내는 말이 주는 느낌을 알아봅시다.

⬇

활동	♥ 소리 내어 시 읽기 – 띄어 읽으며 느껴요 ♥ 흉내 내는 말이 있을 때와 없을 때 비교하기 – 있다! 없다! ♥ 흉내 내는 말 알기 – 도전! 골든벨

⬇

정리	★ 흉내 내는 말의 느낌 알기 – 말로 만드는 요리

♥ 교과서 관련 활동 / ★ 추가 제시 활동

 **수업활동**

[동기유발] 아침에 내가 하는 일 – 돌림노래로 말해요

활동 목적

이 차시의 제재 글은 아침에 하는 일에 관한 것이다. 학생들이 자신의 경험을 대입함으로써 본문에 더욱 관심을 갖도록 유도한다.

활동 방법

학생에게 아침에 하는 일에 관하여 생각하게 한 후 돌아가며 노래한다.

(예) 아침에 일어나면, 눈을 비비고

아침에 일어나면, 눈을 비비고, 기지개를 켜고

아침에 일어나면, 눈을 비비고, 기지개를 켜고, 이불을 개고

「시장에 가면」 노래 리듬을 활용한다.

[학습문제 제시]
시를 읽고, 흉내 내는 말이 주는 느낌을 알아봅시다.

[활동 1] 소리 내어 시 읽기 – 띄어 읽으며 느껴요

활동 목적

시를 읽는 방법에 관하여 교사가 학생에게 안내를 해 주는 활동이다. 시를 띄어 읽을 때와 띄어 읽지 않을 때의 느낌의 차이를 비교할 수 있도록 제시한 후, 시를 읽을 때에는 띄어 읽어야 느낌을 생생하게 살려 읽을 수 있음을 인식할 수 있도록 안내한다.

활동 방법

① 교사는 띄어 읽기 표시가 되어 있는 시를 큰 화면에 제시한다.
② 띄어 읽었을 때와 띄어 읽지 않았을 때의 느낌의 차이를 비교하도록 한다.
③ 다같이 띄어 읽어본다.

아침	아침
뚜, ∨ 뚜, ∨ 나팔꽃이 ∨ 일어나래요. ∨ 똑, ∨ 똑, ∨ 아침 ∨ 이슬이 ∨ 세수하래요. ∨ 방긋, ∨ 방긋, ∨ 아침 ∨ 해가 ∨ 노래하재요. ∨	뚜, 뚜, 나팔꽃이 일어나래요. 똑, 똑, 아침 이슬이 세수하래요. 방긋, 방긋, 아침 해가 노래하재요.

아침 (김상련)

[활동 2] 흉내 내는 말이 있을 때와 없을 때 비교하기 – 있다! 없다!

활동 목적

이 활동은 차시 학습 목표에 도달하기 위한 가장 중심이 되는 활동으로 흉내 내는 말이 있을 때와 없을 때의 느낌을 비교하는 활동이다.

활동 방법

① 파란색으로 쓴 말을 넣어서 시를 읽는다.

② 파란색으로 쓴 말을 빼고 시를 읽는다.

③ 무엇이 있고 무엇이 없는지 발표해보도록 한다.

[활동 3] 흉내 내는 말 알기 – 도전! 골든벨

준비물 _ 보드판

활동 목적

이 활동은 학생들이 흉내 내는 말에 관한 개념을 정확하게 알도록 하기 위한 활동이다.

활동 방법

① '뚜뚜' 가 흉내 내는 대상은? (나팔 소리, 뱃고동 소리)

② '똑똑' 이 흉내 내는 대상은? (물이 떨어지는 소리, 노크하는 소리)

③ '방긋방긋' 이 흉내 내는 대상은? (웃는 모양)

④ 흉내 내는 말의 종류는? (소리를 흉내 내는 말, 모양을 흉내 내는 말)

[정리] 흉내 내는 말의 느낌 알기 – 말로 만드는 요리

활동 목적

차시 학습 목표와 관련하여 흉내 내는 말이 왜 필요한지에 관하여 학생이 스스로 인식할 수 있도록 유도하는 활동이다.

활동 방법

① 교사는 스프를 만드는 레시피를 준비한다.

② 레시피에 필요한 재료그림을 준비한다.

　　(예) 당근, 양파, 크림, 감자 등

③ 간을 맞추는 조미료의 역할을 하는 것이 바로 흉내 내는 말임을 인식하도록 한다.

　　(예) 소금, 후추

싱거워!
이상해!

그래,
이 맛이야!

이런 책도 있어요

지렁이가 맛있어!
(글 낸시 반 란 / 파랑새)

"포르릉포르릉 새가 꼬물락꼬물락 지렁이를 봤어."와 같이 이야기에 나오는 지렁이, 새, 고양이, 개의 흉내 내는 말이 반복해서 들어감으로써 책을 읽는 학생으로 하여금 다양한 흉내 내는 말을 배울 수 있도록 한다.

2~3차시

쪽수 _ 읽기 6~8쪽

그만뒀다

 학습개요

1	시를 읽고, 흉내 내는 말이 주는 느낌을 알아봅시다.
2~3	시를 읽고, 생각과 느낌을 말하여 봅시다.
4	그림 동화를 읽고, 그림에 나타난 인물의 몸짓과 표정을 알아봅시다.
5~6	그림 동화를 읽고, 인물에 대한 생각과 느낌을 말하여 봅시다.

동기유발	★ 내가 기르고 싶은 애완동물

⬇

학습문제 제시	시를 읽고, 생각과 느낌을 말하여 봅시다.

⬇

활동	♥ 시의 내용 파악하기 ♥ 시 속의 인물 되어보기 ♥ 다양한 방법으로 시 읽고 느낌과 생각 말하기

⬇

정리	★ 흉내 내는 말의 느낌을 살려 실감 나게 읽어보기

[심화활동] 애완동물을 다른 동물로 바꾸어 똑같은 형식의 시 써보기

♥ 교과서 관련 활동 / ★ 추가 제시 활동

 수업활동

[동기유발] 내가 기르고 싶은 애완동물

활동 목적

이 차시에 수록된 「그만뒀다」는 애완동물의 사랑스러움을 주제로 다루고 있다. 가상으로 나의 애완동물을 만듦으로써 작가와의 공감대를 형성할 수 있다.

활동 방법

① 학생들에게 내가 기르고 싶은 애완동물을 상상해보도록 한다.
② 애완동물과 오랫동안 함께 지냈다고 가정하고 나의 애완동물에게 보낼 카드를 만든다.
③ 애완동물 모습에 따른 흉내 내는 말을 생각하고 카드 안에 적어본다.
  (예) 너의 (씰룩씰룩 엉덩이)는 참 귀여워.
    너의 (아장아장 걸음걸이)는 정말 예뻐!
    네가 (눈을 깜박깜박) 하는 모습이 좋아.

너의 (　　　)는 참 귀여워.

너의 (　　　)는 정말 예뻐!

네가 (　　　) 하는 모습이 좋아.

여기서 잠깐

지난 시간에 배웠던 흉내 내는 말을 떠올리며 자유롭고 다양하게 표현할 수 있도록 유도한다.

[학습문제 제시]

시를 읽고, 생각과 느낌을 말하여 봅시다.

[활동 1] 시의 내용 파악하기

활동 목적

시를 읽고 내용을 파악하는 활동을 통해서 학생들이 시의 내용을 자세하게 이해할 수 있다.

활동 방법

① 강아지는 어떤 일을 하였나요?

    (신발을 물어 던졌습니다. / 살래살래 꼬리를 흔들었습니다.)

② 강아지는 왜 신발을 물어 던졌나요?

    (심심했기 때문에 / 장난을 치고 싶어서)

③ 강아지가 신발을 물어 던졌을 때, 나의 기분은 어땠습니까?

    (멀리 던져진 신발을 주워 와야 하기 때문에 화가 났습니다.)

④ 강아지를 혼내 주려다 그만둔 까닭은 무엇인가요?

    (화가 났지만 살래살래 꼬리를 흔드는 모습이 귀여웠기 때문입니다.)

⑤ 강아지는 왜 꼬리를 흔들었나요?

    (미안해서 / 혼내지 말라고)

⑥ 나는 강아지와 어떻게 지내게 될 것 같나요?

    (예전처럼 사이좋게 지낼 것 같습니다.)

⑦ 고양이는 어떤 일을 하였나요?

    (우유병을 넘어뜨렸습니다. / 쫑긋쫑긋 귀를 세웠습니다.)

⑧ 고양이는 왜 우유병을 넘어뜨렸나요?

    (장난치다가 모르고)

⑨ 고양이가 우유병을 넘어뜨렸을 때, 나의 기분은 어땠습니까?

    (넘어져서 바닥에 흐른 우유를 닦아야 하기 때문에 고양이가 미웠습니다.)

⑩ 고양이를 꿀밤 먹이려다 그만둔 까닭은 무엇인가요?

    (미웠지만 쫑긋쫑긋 귀를 세우는 모습이 귀여웠기 때문입니다.)

⑪ 고양이는 왜 귀를 쫑긋쫑긋 세웠나요?

    (미안해서 / 용서해달라고)

⑫ 나는 고양이와 어떻게 지내게 될 것 같나요?

    (예전처럼 재미있게 지낼 것 같습니다.)

[활동 2] 시 속의 인물 되어보기

활동 목적

  시 속의 인물(글쓴이, 강아지, 고양이)이 되어 흉내를 내는 활동을 하면서 흉내 내는 말이 시 속에서 어떤 역할을 하고 있는지 자연스럽게 터득할 수 있도록 한다.

활동 방법

① 강아지가 되어보기

② 고양이가 되어보기

[활동 3] 다양한 방법으로 시 읽고 느낌과 생각 말하기

활동 목적

다양한 방법으로 시를 읽는 활동을 통해서 시를 즐기는 마음과 태도를 지닌다.

활동 방법

① 시를 음미하며 낭독한다.
② 이 시에 어울리는 장면을 떠올린다.
③ 이 시를 낭독할 때에 가장 어울릴 것 같은 음악을 고른다.
④ 음악을 들으며 다시 한 번 낭독한다.
⑤ 다양한 인물의 목소리로 시를 낭독한다. (초등학교 1학년 남자아이 / 초등학교 1학년 여자아이 / 여자 어른 / 남자 어른 / 할아버지 / 할머니 등)
⑥ '그만뒀다'에 대한 자신의 생각이나 느낌을 이야기한다.

[정리] 흉내 내는 말의 느낌을 살려 실감 나게 읽어보기

활동 목적

수업 활동을 통하여 흉내 내는 말의 필요성과 기능을 이해하고 생각과 느낌을 이야기해 보았다. 이와 함께 흉내 내는 말을 읽을 때에는 글 속의 상황을 상상하여 실감 나게 읽도록 한다.

🔹 활동 방법

〈 상호평가표 예시 〉		
평가 내용	친구 이름	점수
1. 흉내 내는 말을 실감 나게 읽었나요?		☆ ☆ ☆
2. 흉내 내는 말을 읽을 때에 시 속의 내용을 상상하면서 읽었나요?		☆ ☆ ☆
		☆ ☆ ☆
3. 시를 읽고 생각과 느낌을 잘 이야기 하였나요?		☆ ☆ ☆
		☆ ☆ ☆

 이런 활동도 있어요

[심화활동] 애완동물을 다른 동물로 바꾸어 똑같은 형식의 시 써보기

🔹 활동 목적

  시 속의 강아지와 고양이의 행동에 따라 글쓴이의 마음이 어떻게 바뀌었는지 생각해보고, 다른 애완동물이라면 어떻게 행동했을지 상상해본다. 시를 비슷하게 써 보는 활동을 통하여 초보적인 창작 활동을 경험할 수 있다.

🔹 활동 방법

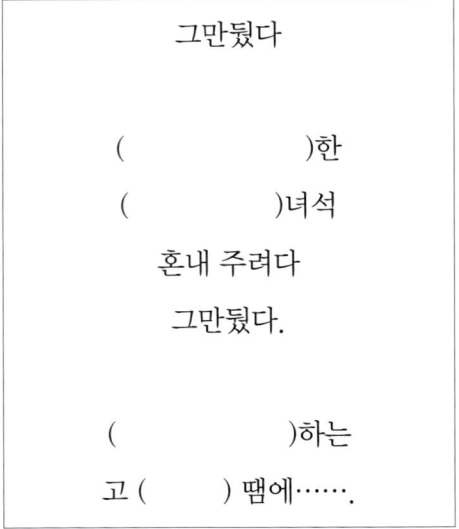

 참고자료

[동시 낭송]

동시 낭송은 동시와 직접 만나 즐겁게 노는 것입니다.

시는 누군가의 목소리로 읽혀질 때 비로소 그 소리의 힘을 빌려 연초록 물감을 마구 뿜어 대는 나무들처럼 잎마다 생명의 눈빛을 켜고 반짝입니다. 가벼운 바람에도 온몸을 일렁이며 살아서 다가옵니다. 그래서 시를 읽는 독자의 목소리도 그 시의 일부라고 합니다. 시는 노래하는 그림이요, 마음의 음악이기에 소리 내어 읽어야 직접 만날 수 있고, 재미있게 놀 수 있습니다. 언어의 음악성이 거의 필연적인 동시에서는 더욱 그러합니다. 시를 소리 내어 읽는 행위에는 여러 단계가 있습니다. 처음 대하는 시의 문맥과 구조와 운율을 파악하기 위해 단순히 소리내어 읽는 것이 '음독'이라면, 시에 담겨 있는 속뜻을 살려 그 감정과 정서까지 살려서 음독하는 것을 '낭독'이라고 합니다. 그리고 한 걸음 더 나아가 시를 통째로 외워서 낭독하는 것을 '낭송'이라고 하지요. 이렇게 분류해 볼 때, 낭독 또는 낭송은 음악 연주와 같은 차원의 창조 활동이 됩니다. 시를 완성하는 일입니다. 시와 함께 장난치며 즐겁게 노는 것입니다.

〈동화읽는 가족〉 2006년 여름호
김동국 시인의 글에서

4차시

쪽수 _ 읽기 11 ~ 13쪽

고양이는 나만 따라해

 학습개요

1	시를 읽고, 흉내 내는 말이 주는 느낌을 알아봅시다.
2~3	시를 읽고, 생각과 느낌을 말하여 봅시다.
4	그림 동화를 읽고, 그림에 나타난 인물의 몸짓과 표정을 알아봅시다.
5~6	그림 동화를 읽고, 인물에 대한 생각과 느낌을 말하여 봅시다.

동기유발	★ 무슨 일 있어?

⬇

학습문제 제시	그림 동화를 읽고, 그림에 나타난 인물의 몸짓과 표정을 알아봅시다.

⬇

활동	♥ 내용 예측하기 ♥ 이야기 읽기 – 동화 구연하기 ♥ 이 표정 어때요? ♥ 등장인물이 되어 그림 일기 쓰기

⬇

정리	★ 질문하고 답하기

♥ 교과서 관련 활동 / ★ 추가 제시 활동

170 _

 수업활동

[동기유발] 무슨 일 있어?

활동 목적

그림책 『How are you peeling?』에 나오는 과일들의 다양한 표정을 보고 인물에게 일어난 일과 감정을 예측할 수 있다.

활동 방법

교사는 그림책 『How are you peeling?』에 나오는 과일들의 표정을 실물화상기로 확대하여 보여주고 학생은 그 표정을 보고 과일에게 무슨 일이 일어났는지 질문한다. 질문할 때 응답에 대한 조건을 학생에게 제시하는데, 조건은 과일의 감정을 예측하여 문장 앞에 말하고 문장의 끝을 "무슨 일 있어?"라고 맺는 것이다.

　(예) 교사 : 오렌지의 표정을 보고 오렌지에게 무슨 일이 일어났는지 질문해 봅시다.

　　　학생 : 오렌지야, 화가 난 것 같은데 무슨 일 있어?

여기서 잠깐

교사가 학생의 질문을 듣고 과일이 어떠한 일에 처했는지 꾸며서 말해주면 학생이 더욱 흥미로워 한다.

준비물 _ 그림책 『How are you peeling?』, 실물화상기

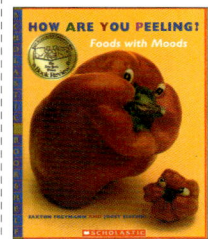

[학습문제 제시]

그림 동화를 읽고, 그림에 나타난 인물의 몸짓과 표정을 알아봅시다.

[활동 1] 내용 예측하기

활동 목적

이야기를 읽기 전 제목과 관련된 말놀이 활동을 하고 내용을 예측해 보게 함으로써 이야기에 대한 흥미를 이끌어 낸다.

활동 방법

① '○○○은 나만 ○○해'에 알맞은 말을 넣어 말해보게 한다.

　(예) 엄마는 나만 미워해, 동생은 나만 괴롭혀, 할머니는 나만 사랑해 등

② '고양이는 나만 따라해'라는 제목을 보면 어떤 내용이 예상되는지 말해보게 한다.

　(예) 고양이가 주인을 귀찮게 따라하는 내용일 것이다. 고양이를 사랑하는 아이가 나올 것이다. 등

[활동 2] 이야기 읽기 - 동화 구연하기

활동 목적

교사가 입말을 살려서 이야기를 읽어주면 학생은 이야기에 더욱 깊이 몰입할 수 있다.

[활동 3] 이 표정 어때요?

활동 목적

정지동작으로 등장인물의 표정을 지어보면서 등장인물의 생각과 느낌을 떠올릴 수 있다.

활동 방법

① 교사는 여자 주인공이 처한 상황을 정리하여 학생들에게 제시한다.
　　(예) 고양이가 '~'한 행동을 따라했을 때
② 주인공이 어떤 표정을 지었을지 상상하게 하고 교사는 카운트다운을 한다.
③ 학생들이 표정을 짓고 정지한 상태에서 교사는 학생 몇 명에게 왜 그런 표정을 지었는지 질문하고 학생은 발표한다.

[활동 4] 등장인물이 되어 그림 일기 쓰기

활동 목적

주인공이 되어 일기를 쓰면 등장인물에게 일어난 일과 느낌을 좀 더 깊이 이해 할 수 있다.

활동 방법

① 학생은 자신이 좋아하는 이야기의 주인공이 되어 이야기에서 일어난 일을 떠올리고 인물의 마음을 미루어 짐작한다.
② 자신이 인물이 되어 그 일과 그 일에 대한 느낌을 일기로 쓴다.

[정리] 질문하고 답하기

활동 목적

'이야기를 읽고, 인물의 마음을 알아내는 방법'에 대하여 질문하고 답하면서 수업 내용을 정리한다.

활동 방법

① 그림 동화를 읽을 때 무엇을 주의깊게 봐야 할까요?

 (그림을 자세히 살펴봅니다.)

② 인물의 마음을 알아내기 위해서는 그림을 어떻게 봐야 하나요?

 (인물의 몸짓과 표정을 잘 봐야 합니다.)

5~6차시   쪽수 _ 읽기 14 ~ 21쪽

고양이는 나만 따라해

 학습개요

1	시를 읽고, 흉내 내는 말이 주는 느낌을 알아봅시다.
2~3	시를 읽고, 생각과 느낌을 말하여 봅시다.
4	그림 동화를 읽고, 그림에 나타난 인물의 몸짓과 표정을 알아봅시다.
5~6	**그림 동화를 읽고, 인물에 대한 생각과 느낌을 말하여 봅시다.**

동기유발	★ 무궁화꽃이 피었습니다

⬇

학습문제 제시	그림 동화를 읽고, 인물에 대한 생각과 느낌을 말하여 봅시다.

⬇

활동	★ 『고양이는 나만 따라해』 읽고, 내용 파악하기 ★ 등장인물에게 하고 싶은 말 하기 ★ 친구 따라하기 놀이 ♥ '○○○은 나만 ○○해'라는 제목으로 시 짓기

⬇

정리	★ 책 사세요!

[심화활동 1] 『으뜸헤엄이』 읽고, 4쪽 아코디언북 만들기
[심화활동 2] 『고양이』 읽고, 등장인물 따라하기 놀이하기

♥ 교과서 관련 활동 / ★ 추가 제시 활동

 수업활동

[동기유발] 무궁화꽃이 피었습니다
활동 목적

여러 가지 얼굴 표정과 몸짓을 정지동작으로 표현하며 전시학습을 상기한다.

활동 방법

교사가 학생에게 웃는 표정, 화난 표정 등을 주문한 후 '무궁화꽃이 피었습니다'를 외치면 학생은 주문한 표정에 맞게 표정을 지으며 정지한다.

┌─[학습문제 제시]─────────────────────────┐
│ 그림 동화를 읽고, 인물에 대한 생각이나 느낌을 말하여 봅시다. │
└──────────────────────────────┘

[활동 1] 『고양이는 나만 따라해』 읽고, 내용 파악하기
활동 목적

이야기를 읽은 후 내용을 파악하여 작품을 내면화한다.

[활동 2] 등장인물에게 하고 싶은 말 하기
활동 목적

등장인물에게 하고 싶은 말을 함으로써 등장인물의 생각과 느낌을 떠올려 볼 수 있다.

활동 방법

① 짝꿍을 이루어 한 사람은 고양이가 되고 한 사람은 여자 주인공이 된다.
② 고양이 역할을 맡은 친구는 여자 주인공 역할을 맡은 친구에게 하고 싶은 말을 한다.
　(예) "내가 너를 따라했을 때 넌 기분이 어땠니?", "내가 없다면 너는 뭐하면서 엄마를 기다릴거니?" 등
③ 여자 주인공 역할을 맡은 친구는 고양이 역할을 맡은 친구에게 하고 싶은 말을 한다.
　(예) "니가 없었다면 나는 굉장히 심심했을거야.", "처음엔 너가 날 따라하는 게 신기했는데 자꾸 따라하니까 귀찮아졌어." 등
④ 역할을 바꾸어 해 보고 발표한다.

여기서 잠깐

역할에 맞는 그림명찰이나 머리띠 등을 주고 발표하게 하면 감정 이입이 훨씬 쉽고 적극적으로 참여하게 된다.

[활동 3] 친구 따라하기 놀이

활동 목적

친구 따라하기 놀이를 하며 동화 속 주인공의 생각과 느낌을 짐작할 수 있다.

활동 방법

① 짝꿍이 하는 행동을 똑같이 따라하기를 번갈아 가며 한다.
② 활동이 끝난 후 친구가 나를 따라 했을 때 든 생각과 느낌을 발표한다.

[활동 4] '○○○은 나만 ○○해' 라는 제목으로 시 짓기

부록 _ 44쪽

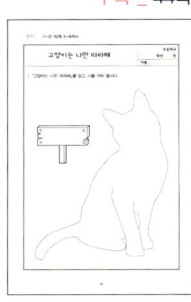

활동 목적

독자가 자신의 입장에서 새로운 언어와 소재로 작품을 재창조함으로써 보다 능동적으로 작품을 수용하고 창작할 수 있다.

활동 방법

① 교사는 '○○○은 나만 ○○해'를 제시한다.
② 학생은 알맞은 말을 넣어 제목을 바꾸고, 짧은 시를 짓는다.

여기서 잠깐

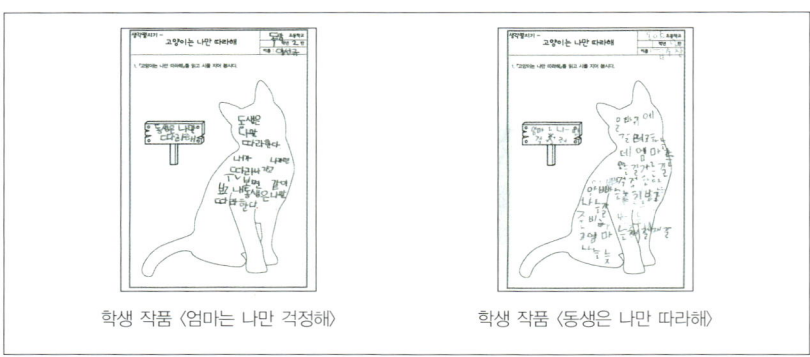

학생 작품 〈엄마는 나만 걱정해〉 　　　 학생 작품 〈동생은 나만 따라해〉

활동을 다 한 학생은 학습 활동지의 고양이를 색칠한다.

[정리] 책 사세요!

준비물 _ 그림책

활동 목적

그림 동화의 내용을 파악하고 작품의 장점을 살려 친구들에게 소개할 수 있다.

활동 방법

① 그림 동화를 읽고 자신이 좋아하는 책의 내용과 그림의 특징을 생각한다.
② 자신이 선택한 그림 동화를 친구들에게 소개한다.

여기서 잠깐

이 활동은 교실 상황에 따라 모둠별로 할 수도 있고 전체 앞에서 한 학생이 발표하는 형식으로도 할 수 있다.

이런 활동도 있어요

[심화활동 1] 『으뜸헤엄이』 읽고, 4쪽 아코디언북 만들기

활동 목적

그림 동화를 읽고 인물이 한 일을 그림과 간단한 문장으로 나타낼 수 있다.

준비물 _ 가위, 풀, 4쪽 아코디언북

활동 방법

① 교사는 으뜸헤엄이 이야기를 들려준다.
② 『으뜸헤엄이』 이야기를 읽고 기억에 남는 장면을 그림으로 그리고(3면) 인물이 한 일을 간단한 문장으로 표현하게 한다.
③ 남은 1쪽에 『으뜸헤엄이』를 읽고 자신이 느낀 점이나 감동스러웠던 점을 적게 한다.

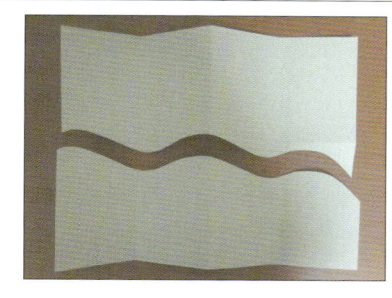 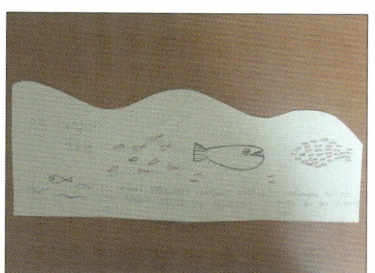

제작 방법　　　　　　　　학생 작품

[심화활동 2] 『고양이』 읽고, 등장인물 따라하기 놀이하기

활동 목적

『고양이는 나만 따라해』와 함께 '고양이'를 소재로 한 그림 동화로 현덕의 『고양이』가 있다. 이 동화는 고양이가 사람을 따라하는 것이 아니라 반대로 고양이를 따라

하는 동네 아이들이 등장한다. 등장인물 따라하기 놀이를 하며 인물에 대한 생각과 느낌을 말하는 심화활동을 해 본다.

활동 방법

그림 동화 『고양이』를 읽으며 그림 속 등장인물의 모습과 말소리 따라하기

 참고자료

 How are you peeling? (Saxton Freymann and Joost Elffers / SCHOLASTIC)	실감 나는 과일들의 감정이 돋보이는 일러스트에 감정을 묻는 문장들이 많다. 아직 한글판이 없다는게 아쉽다.
 으뜸헤엄이 (레오 리오니 / 마루벌)	바다 한 구석에 모여 사는 빨간 물고기와 헤엄을 잘 치는 까만 물고기, 으뜸헤엄이가 어려움을 함께 헤쳐 나가는 이야기를 담은 그림책이다.
 고양이 (현덕 / 길벗어린이)	『나비를 잡는 아버지』로 우리에게 익숙한 작가, 현덕의 『고양이』는 고양이를 살금살금 쫓아 따라하는 아이들의 모습이 재미있게 담겨져 있다. 고양이의 모습을 따라하는 아이들의 몸짓과 표정을 그림으로 보고 등장인물을 따라하는 활동을 하면 좋다.

틀려도 괜찮아
(마키타 신지 / 토토북)

발표하기를 힘들어하는 아이를 응원하는 따뜻한 메시지가 담겨 있는 그림 동화다. 등장인물의 표정이 그림으로 잘 나타나 있어 아이들과 함께 읽고 등장인물의 표정을 알아보는 활동을 하기에 좋다.

[그림 동화를 선정하는 준거]

1. 문학적 가치

재미있는가?
줄거리가 단순하고 이야기 구성이 어린이들에게 호소력이 있는가?
어린이들에게 친숙하며 쉽게 공감할 수 있는 소재인가?
글은 시처럼 간결하고 리듬감이 있으며, 시와 같은 운을 담고 있는가?
단순하고 재미있는 문장인가?
인물의 성격은 잘 묘사되고 전개되어 가는가?

2. 그림의 예술성과 적합성

자세한 부분까지 그림과 내용이 일치하는가?
그림이 간결하면서도 효과적으로 표현되었는가?
그림이 이야기의 배경, 구성, 분위기를 효과적으로 강조하는가?
그림, 이야기, 글씨체가 서로 조화를 이루고 있는가?
그림이 처음부터 끝까지 연결되어 일관된 세계를 보이고 있는가?
색의 표현이 이야기의 분위기에 적절하게 나타나는가?
그림을 통하여 화가의 풍부한 상상력이 나타나는가?
그림이 인물의 성격을 이해하는 데 도움을 주는가?
그림이 이야기 속에서 균형 있게 잘 구성되었는가?

3. 교육적 효용성

이야기의 내용이 단순하면서도 시대를 초월한 진리를 담고 있는가?
이야기의 주제가 어린이의 정신적 성장을 위해 긍정적인 영향을 미치는가?
이야기의 내용이 세상에 대한 분별력, 세계관에 긍정적 영향을 미치는가?
책의 내용과 그림이 어린이의 연령이나 발달 특성에 적합한가?
책을 읽어줄 부모나 교사에게도 흥미로우며 새로운 깨달음을 주는가?
어린이의 정서와 심리적 욕구를 만족시키는가?

아동문학의 이해
(신헌재 · 권혁준 · 곽춘옥 / 박이정)

1학년 **2**학기 **7**단원

상상의
날개를 펴고

1차시 이야기에 나오는 인물의 모습을 상상하는 방법 알기
2차시 인물의 모습을 상상하여 몸짓으로 표현하기
3~4차시 인물의 모습을 상상하여 여러 가지 모습으로 표현하기

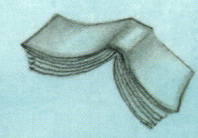

단원 소개

이 단원의 근거를 이루는 교육 과정의 성취 기준은 듣기 영역의 '인물의 모습을 상상하면서 이야기를 듣는다.'와 문학 영역의 '문학 작품에서 재미있는 내용을 그림이나 말로 표현한다.'이다. 이를 위해 교과서에는 학생들의 동화적 상상력과 창의력을 자극할 수 있는 이야기들이 수록되어 있다. 따라서 이 단원을 지도할 때에는 학생들이 자유롭고 창의적인 방법으로 이야기 속 인물을 표현할 수 있도록 다양한 시각적·청각적 매체를 활용할 뿐 아니라 교육 연극적인 방법을 적극적으로 도입할 필요가 있다.

제재 분석

『빨간 부채 파란 부채』는 잘 알려진 옛이야기 중 하나이다. 이 이야기에는 부채의 주술을 믿던 우리 조상들의 생각과 욕심이 과하면 화를 부른다는 옛 지혜가 잘 녹아 있다. 특히 학생들이 좋아하는 '요술'이라는 흥미로운 소재를 이용하여 코가 점점 늘어나고 줄어드는 모습을 머릿속에 그려보게 함으로써 아이들의 호기심과 상상력을 자극하였다. 짧은 이야기임에도 불구하고 서로 반대되는 빨간색과 파란색의 색감을 늘어나고 줄어드는 움직임으로 대비시켜 이해하기도 쉽고 재미있다. 이 책의 마지막에는 나무꾼이 하늘에서 떨어지게 되는데 어떤 결말을 제시해주는 것이 아니라 독자가 직접 상상해보도록 함으로써 '권선징악'이라는 교훈적인 주제를 보다 확실히 하면서도 문제를 자신의 입장에서 다시 생각할 수 있게 하는 역할을 한다.

『손 큰 할머니의 만두 만들기』는 무엇이든 많이 하고, 크게 하는 손 큰 할머니의 설날 이야기를 다루고 있다. 정말 손이 커서 설마다 만두를 많이 만드는 할머니가 이번 설에는 만두소를 너무 많이 만드는 바람에 같이 만들던 동물들은 모두 지치고, 결국은 엄청나게 큰 만두를 만들어 모두가 배불리 먹는다는 아주 간단한 줄거리의 이야기이다. 이 이야기는 주인공이 손 큰 할머니라는 발상도 흥미롭거니와 커다란 만두를 만드는 과정이 재미있게 표현되어 있다. 또한 숲 속에 사는 다양한 동물들이 등장하여 각각의 동물이 만드는 만두는 어떤 모양일지, 그리고 세상에서 가장 큰 만두는 얼마나 클지 상상하도록 유도하고 있다. 마지막 문장에서 만두를 먹는 순간 모두 다 한 살을 더 먹었다는 표현을 통해 모두가 하나라는 사실을 보여주고 있으며 가족과 이웃의 소중함을 강조하는 유익한 내용의 이야기이다.

『해치와 괴물 사형제』는 우리 민족의 상상의 동물인 해치(해태)라고 불리는 해의 신 해치와 괴물 사형제의 이야기를 다루고 있다. 해치는 "해님이 보낸 벼슬아치"라는 뜻으로 해를 다스리는 신이다. 이 이야기는 성품이 바른 신성한 동물인 해치를 주인공으로 선과 악, 하늘과 땅, 빛과 어둠의 신화적인 이야기를 담고 있다. 악당으로 등장하는 괴물 사형제인 뭉치기 대왕, 뿜기 대왕, 던지기 대왕, 박치기 대왕의 개성이 매우 뚜렷하다. 해치가 각 괴물을 물리치면서 박치기로 싸우고, 던지기 시합을 하고, 불을 내뿜고 싸우고, 뭉치기 시합을 하는 장면이 통쾌하고 재미있게 묘사되어 있기 때문에 연극으로 표현하기에도 좋은 작품이다.

교과서 단원 구성

차시	교과서 쪽수	차시 문제	교과서 학습활동
1	듣말 84~86	이야기에 나오는 인물의 모습을 상상하는 방법을 알아봅시다.	1. 인물의 모습을 상상하며 『빨강 부채 파랑 부채』를 들어 봅시다. 2. 『빨강 부채 파랑 부채』를 다시 듣고, 물음에 답하여 봅시다. 3. 이야기에 나오는 나무꾼의 모습을 상상하는 방법을 알아봅시다. 4. 이야기에 나오는 나무꾼이 하늘로 올라가다가 다시 땅으로 떨어지는 모습을 상상하여 말해봅시다.
2	듣말 87~89	인물의 모습을 상상하여 몸짓으로 표현해 봅시다.	1. 손 큰 할머니의 모습을 상상하며 『손 큰 할머니의 만두 만들기』를 들어 봅시다. 2. 『손 큰 할머니의 만두 만들기』를 다시 듣고, 할머니의 모습을 상상하며 보기와 같이 표정과 몸짓으로 흉내 내어 봅시다. 3. 인물의 모습을 잘 상상하여 흉내 낸 친구가 누구인지 말하여 봅시다. 그렇게 생각한 까닭도 말하여 봅시다.
3~4	듣말 90~95	인물의 모습을 상상하여 여러 가지 모습으로 표현해 봅시다.	1. 인물의 모습을 상상하며 『해치와 괴물 사형제』를 들어 봅시다. 2. 『해치와 괴물 사형제』를 다시 듣고, 해치와 괴물 사형제가 어떻게 겨루었는지 적어 봅시다. 3. 『해치와 괴물 사형제』에 나오는 장면 중에서 가장 재미있는 장면을 골라 그림으로 그려 봅시다. 4. 내가 그린 그림을 친구들에게 이야기하여 봅시다. 5. 3에서 그린 그림을 방향으로 하여 '허수아비 놀이'를 해 봅시다. 6. '허수아비 놀이'를 하면서 느낀 점을 말하여 봅시다.

1차시

쪽수 _ 듣기·말하기 84~86쪽

빨강 부채 파랑 부채

 학습개요

1	이야기에 나오는 인물의 모습을 상상하는 방법을 알아봅시다.
2	인물의 모습을 상상하여 몸짓으로 표현해 봅시다.
3~4	인물의 모습을 상상하여 여러 가지 모습으로 표현해 봅시다.

동기유발	★ '어떤 표정일까요?' 놀이하기 ★ '그림 속 인물은 누구일까요?' 놀이하기
학습문제 제시	이야기에 나오는 인물의 모습을 상상하는 방법을 알아봅시다.
활동	♥ 들은 내용 확인하기 – ○× 퀴즈 ♥ 이야기 속 인물 모습 상상하여 그림으로 표현하기 – 하나, 둘, 셋 찰칵 ♥ 인물의 모습 상상하며 이야기 듣는 방법 확인하기 – 다 함께 말해요!
정리	★ 인물 모습 상상하기 – 상상놀이

♥ 교과서 관련 활동 / ★ 추가 제시 활동

 수업활동

[동기유발 1] '어떤 표정일까요?' 놀이하기

활동 목적

이 차시는 '인물의 모습을 상상하며 이야기 듣기'를 지도하는 단원의 첫 차시이다. 따라서 수업 활동에 들어가기 전에 인물의 표정은 다양하며, 그 표정들은 여러 가지 상황에 따라 달라질 수 있음을 쉽고 재미있게 접근하도록 안내한다.

활동 방법

① 한 학생을 앞으로 나오게 하여 표정과 상황이 적힌 카드를 보여주고, 다른 학생들 앞에서 그 표정을 짓도록 한다.
  (예) 웃는 표정의 그림 – 기쁨 / 화난 표정의 그림 – 화남
② 다른 학생들은 앞에 나온 학생의 표정을 보고 그 학생이 표현하는 카드의 상황을 상상하여 발표한다.

준비물 _ 표정·상황카드

[동기유발 2] '그림 속 인물은 누구일까요?' 놀이하기

활동 목적

이 활동은 본 단원의 최종 목표인 '이야기 속 인물의 모습을 상상하며 이야기를 듣는다.'를 달성하기 위한 첫 단계이다. 먼저, 누구나 쉽게 알 수 있는 옛이야기의 주인공을 화면에 나타난 그림의 일부분만 보고 알아맞히는 기회를 제공하는 것이다. 이는 어떤 인물이든지 그 인물만의 특징을 가지고 있음을 알고 그에 대해 상상해 보게 할 수 있는 활동으로, 학생들의 흥미와 집중력을 촉진시킬 수 있을 것이다.

준비물 _ 조각그림 플래시

활동 방법

① 옛이야기 속 인물의 모습이 잘 나타나 있는 화면을 준비한다.
② 인물의 전체 모습이 나타난 그림 중에서 그 인물의 특징이 가장 잘 드러난 일

부분만 보여준다.
③ 학생들이 일부분만 보고 어떤 인물인지 알아맞히지 못하면 조금씩 전체 그림으로 확대하여 보여준다.
④ 화면을 보고, 화면 속 인물은 어떤 인물인지 상상하여 말하도록 한다.

여기서 잠깐
준비하는 화면은 인물의 모습이 조각들로 덮여있는 것으로, 한 번 클릭할 때마다 조각이 하나씩 사라지며 인물의 모습을 점차적으로 더 많이 볼 수 있다.

[학습문제 제시]
이야기에 나오는 인물의 모습을 상상하는 방법을 알아봅시다.

[활동 1] 들은 내용 확인하기 – ○× 퀴즈

활동 목적
이야기를 듣고, 들은 내용을 파악하는 활동을 ○× 퀴즈 형식으로 진행한다.
○× 퀴즈는 반 전체의 학생들이 이야기의 내용을 얼마나 귀 기울여 들었는지 한 눈에 파악할 수 있고 정답에 대한 즉각적인 확인이 가능하다.

활동 방법
학생들은 내용을 집중하여 듣고, 교사의 질문에 따라 맞으면 ○, 틀리면 ×표시를 한다.
① 빨강 부채로 설렁설렁 부치면 코가 길어집니다. (○)
② 파랑 부채로 설렁설렁 부치면 코가 길어집니다. (×)
③ 나무꾼의 코는 지붕과 옥황상제의 궁궐 바닥을 뚫고 올라갔습니다. (○)
④ 나무꾼은 하늘로 쑥쑥 올라가 하늘나라를 구경했습니다. (×)

[활동 2] 이야기 속 인물 모습 상상하여 그림으로 표현하기
 – 하나, 둘, 셋 찰칵

활동 목적

준비물 _ 도화지, 색연필

이 활동은 이야기 속 인물의 모습을 상상하고, 그것을 가시적으로 표현하는 활동이다. 특정 장면, 특정 표정과 모습들을 상상하여 그 순간 인물의 모습을 그려보게 함으로써 학생들의 상상력과 표현력을 동시에 향상시킬 수 있을 것이다.

활동 방법

① 도화지를 한 장씩 나누어 준다.
② '돌아가며 말하기' 방법을 이용하여 상상한 이야기 속 인물의 모습과 그 이유에 대해 이야기한다.
③ 발표가 끝나면 자신이 이야기했던 인물의 모습을 도화지에 표현한다.
④ 모둠별로 앞에 나와 한 사람씩 자신이 표현한 인물의 모습에 대해 설명하도록 한다.

준비물 _ PTT자료

[활동 3] 인물의 모습 상상하며 이야기 듣는 방법 확인하기 – 다 함께 말해요!

활동 목적

이 활동은 본 차시의 목표를 달성하기 위한 것으로, 인물의 모습을 상상하며 이야기를 듣기 위해서는 어떻게 해야 하는지 최종적으로 정리해 본다.

활동 방법

① 인물의 모습을 상상하며 이야기를 듣기 위해서는 어떻게 해야 할지 생각해 보고, 자유롭게 발표하도록 한다.
② 발표한 내용들을 판서하고 그 내용들에 대해 함께 이야기 해 본 후, 정리된 PPT자료를 보여준다.

　(자료 내용)
　– 인물이 한 행동을 떠올리며 듣습니다.
　– 인물의 생김새를 생각하며 듣습니다.
　– 나의 경험을 생각하며 듣습니다.
　– 내가 알고 있는 이야기를 생각하며 듣습니다.

③ 다 함께 큰 소리로 읽어본다.

[정리] 인물 모습 상상하기 – 상상놀이

활동 목적

이 활동은 인물을 상상하며 이야기를 듣는 방법을 적용해 보는 동시에, 인물의 모습을 상상하며 이야기를 들으면 더 흥미로울 수 있음을 알게 해 주고자 하는 짝 활동이다.

활동 방법

① 이 활동은 짝 활동으로 진행하는 것이 좋다. 이 때, 한 명은 다른 친구에게 설명할 인물을 미리 머릿속에 생각해 두도록 한다. 단, 인물은 모든 학생들이 알 만한 이야기 속 등장인물이어야 한다.
② 인물을 결정한 학생은 다른 학생에게 그 인물에 대해 여러 가지 설명을 한다.
③ 설명을 들은 학생은 그 인물이 어떤 인물인지 상상하여 말해 본다.
④ 짝끼리 역할을 바꿔서 해 보며, 맞힌 학생들에게는 점수를 주는 방법을 활용할 수도 있다.

2차시
쪽수 _ 듣기·말하기 87~89쪽

손 큰 할머니의 만두 만들기

 학습개요

1	이야기에 나오는 인물의 모습을 상상하는 방법을 알아봅시다.
2	인물의 모습을 상상하여 몸짓으로 표현해 봅시다.
3~4	인물의 모습을 상상하여 여러 가지 모습으로 표현해 봅시다.

동기유발	★ '우리는 거울!' 놀이하기 ♥ '손이 눈이야!' 놀이하기

↓

학습문제 제시	인물의 모습을 상상하여 몸짓으로 표현해 봅시다.

↓

활동	♥ 이야기를 듣고, 표현할 할머니 모습 고르기 – 돌아가며 말하기 ★ 할머니 모습 표현하기 – 정지동작 만들기 ★ 상호평가하기

↓

정리	★ 인물 모습 상상하기 – 상상놀이

[심화활동] 이야기 속 인물을 인형으로

♥ 교과서 관련 활동 / ★ 추가 제시 활동

 수업활동

[동기유발 1] '우리는 거울!' 놀이하기

활동 목적

본 차시는 '인물이 한 행동을 상상하여 몸짓으로 표현할 수 있다.'를 성취 목표로 하고 있다. 따라서 동기 유발에 있어서도 몸짓으로 여러 가지 동작들을 표현하게 하는 것이 중요하다. 이때 다른 학생의 몸짓을 그대로 따라해 보게 한다면 학생들은 몸으로 표현하는 방법을 더 자연스럽고 재미있게 익힐 수 있을 것이다.

활동 방법

① 전체 학생들을 원형으로 서게 한다.
② 한 명의 학생을 뽑아 원 가운데로 오게 한다. 교사는 스케치북에 미리 여러 가지 행동 모습에 대해 적거나 그려 놓고, 그 중 한 장을 원 가운데에 있는 학생에게 보여준다.
③ 원 안의 학생은 스케치북에 적힌 행동을 실제로 몸으로 표현하고, 이 교사는 호루라기 등으로 신호를 보낸다. 그러면, 원을 이루고 있는 모든 학생들이 그 행동을 따라 한다.
④ 가장 거울로서의 역할을 충실히 한 학생을 뽑아 점수를 주거나 그 학생을 원 안에 들어갈 대표 학생으로 뽑는 등 방법을 다양하게 할 수 있다.

[동기유발 2] '손이 눈이야!' 놀이하기

활동 목적

인물의 모습을 직접 몸짓으로 표현하기 이전에 다른 사람의 모습을 손으로 만져 모습을 상상하여 보는 활동은 흥미로울 뿐 아니라 본시에서 스스로 몸짓으로 표현하는 활동을 하는 데에도 큰 도움이 될 것이다.

활동 방법

① 전체 학생들을 두 원으로 둘러서서 노래를 부르며 서로 반대 방향으로 돌게 한다.
② 교사가 호루라기를 불면 그 자리에 멈춰서고, 원 안에 있는 학생들은 눈을 감고

원 밖의 학생이 몸으로 꾸민 조각을 손으로 만져서 똑같이 흉내를 내게 한다.

(예) 공차는 모습, 노래 부르는 모습, 자전거 타는 모습 등

[학습문제 제시]

인물의 모습을 상상하여 몸짓으로 표현해 봅시다.

[활동 1] 이야기를 듣고, 표현할 할머니 모습 고르기 – 돌아가며 말하기

활동 목적

본 차시의 목표가 '인물의 모습을 상상하여 몸짓으로 표현할 수 있다.'이므로, 자신이 표현할 인물의 모습을 생각하여 고르는 활동은 본 차시에서 가장 우선되어야 하는 활동이라 하겠다. 이 때 그냥 개인별로 생각해 보라고만 한다면 학생들의 흥미가 떨어지거나 어려워할 수도 있다. 따라서 모둠 내에서 서로 이야기해 보고, 그 다음 전체 학생들이 돌아가면서 자신이 정한 할머니의 모습에 대해 이야기할 시간을 갖는 것이 좋다.

활동 방법

① 교과서에 제시된 『손 큰 할머니의 만두 만들기』를 들려주고, 자신이 표현하고 싶은 할머니의 모습에 대해 생각해 보게 한다. 생각이 정해지면, 모둠별로 자신이 정한 할머니의 모습에 대해 돌아가며 이야기한다.
② 모둠원들이 이야기한 내용 중에서 자기 모둠이 표현하고자 하는 할머니의 모습을 하나 고른다.

[활동 2] 할머니 모습 표현하기 – 정지동작 만들기

활동 목적

활동 1에서 자신이 표현하고자 하는 할머니의 모습을 돌아가면서 이야기해 보았다면, 이번 활동은 실제로 할머니의 모습을 몸짓으로 표현해 보는 활동이다. 자신의 모둠에서 상상한 인물의 모습을 신체를 이용하여 시각으로 표현하는 활동은 학생들의

상상력을 보다 정교화하고 표현의 욕구를 충족시키는 데 도움이 될 것이다.

활동 방법

① 모둠원이 선택한 할머니의 모습을 정지동작으로 표현하는 연습을 한다.

② 한 모둠이 전체 앞에 나와 '정지!' 신호에 맞춰 연습한 동작을 보여준다.

③ 다른 모둠의 학생들은 할머니의 어떤 모습인지를 알아 맞춰본다.

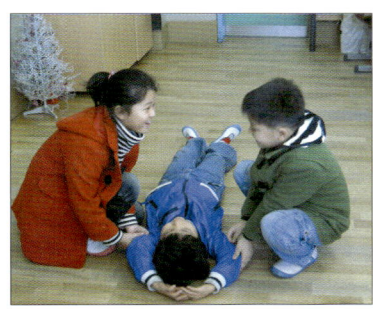 

[활동 3] 상호평가하기

활동 목적

활동 2에서는 정지동작을 만들어보았다. 어떤 활동이든지 간에 활동에 대한 적절한 피드백이 주어졌을 때, 학생들의 흥미와 집중도가 높아져서 학습 효율이 향상될 수 있다. 따라서 단순히 활동만 하는 데 그치는 것이 아니라 그에 대해 상호평가를 하는 것은 매우 중요한 일일 것이다.

활동 방법

① 상호평가지를 나누어 주고 작성하도록 한다.

② 작성한 내용을 발표할 수 있는 기회를 제공한다.

〈 상호평가표 예시 〉

평가 내용	모둠	점수
손 큰 할머니의 모습을 실감 나게 표현한 모둠은 어느 모둠인가요?		☆ ☆ ☆ ☆ ☆ ☆
평가 내용	친구 이름	점수
손 큰 할머니의 모습을 가장 실감 나게 표현한 친구는 누구인가요?		☆ ☆ ☆ ☆ ☆ ☆

[정리] 인물 모습 상상하기 – 상상놀이

활동 목적

  1차시에서 이미 상상놀이를 한 바 있다. 그러나 본 차시에서 달라진 점이 있다면 전 차시에서는 친구의 말을 듣고 인물을 상상해 본 반면에 이번 차시에서는 친구의 표정과 몸짓을 보고 인물을 상상한다는 것이다.

활동 방법

① 이 활동은 짝활동으로 진행하는 것이 좋다. 한 명은 다른 친구에게 설명할 인물을 미리 머릿속에 생각해 두도록 한다. 이때, 설명하는 인물은 모든 친구들이 알만한 이야기 속의 등장인물이어야 한다.
② 인물을 결정한 학생은 인물이 한 일이나 모습이 재미있었던 장면을 떠올려 보고 다른 학생에게 그 장면을 표정과 몸짓으로 표현한다.
③ 표정이나 몸짓을 본 학생은 짝이 표현하는 인물이 누구인지 상상하여 말해 본다.
④ 짝끼리 역할을 바꿔서 해 보며, 맞힌 학생들에게는 점수를 주는 방법을 활용할 수도 있다.

 이런 활동도 있어요

[심화활동] 이야기 속 인물을 인형으로

활동 목적

  이야기 속 인물을 인형으로 만들어 보는 활동은 이야기를 들으며 상상한 인물의 모습을 찾아내고 자신의 생각과 느낌을 표현하기에 좋은 방법이다. 따라서 각자 이야기를 듣고, 이야기 속 인물의 모습 생각하며 그것을 시각화하는 체험을 통하여 보다 적극적이고 재미있게 이야기를 감상할 수 있을 것이다.

활동 방법

① 종이에 요쿠르트 병의 길이와 폭을 표시해 놓는다.
② 표시한 요쿠르트 병의 크기보다 약간 크게 이야기 속 인물의 모습을 상상하여

그린다.
③ 인물의 모습을 채색한 후에 모양대로 오린다.
④ 요쿠르트 병의 앞면에 오린 인물의 모습을 붙이고, 요쿠르트 병을 손으로 잡고 인물을 움직이며 연기해 본다.

여기서 잠깐

위의 활동을 약간 응용하여 다음과 같이 해 볼 수 있다. 처음 만든 인물의 모습을 종이에 대고 얼굴 부분만 본뜬 후, 본뜬 얼굴 형태에 다른 표정의 얼굴을 그려 오린다. 그리고 다른 표정의 얼굴에 재접착 테이프를 붙여놓고 원래의 얼굴에 붙였다 떼었다 하면서 두 가지 표정을 연기해 본다. 이와 같은 활동은 재미있을 뿐 아니라, 어떤 표정이 이야기 속 인물에 더 어울리는지 쉽게 알도록 도와줄 수 있다.

 이런 책도 있어요

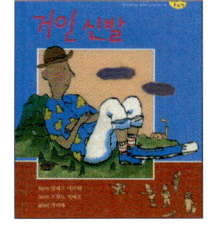 거인 신발 (끌레르 아르뛰 / 솔이네)	이 이야기는 짝짝이 발을 가진 거인의 모습을 상상해 볼 수 있을 뿐 아니라, 장애를 가진 친구를 사랑으로 보듬어주는 마음도 배워볼 수 있게 해준다.
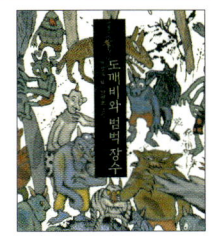 도깨비와 범벅 장수 (이상교 / 국민서관)	호박범벅을 팔던 가난한 범벅장수가 기지를 발휘해 도깨비들로부터 어마어마한 금은 보석을 얻어내는 이야기로, 이야기 속에 등장하는 온갖 귀여운 도깨비들의 모습을 상상해 볼 수 있는 재미가 있다.

3~4차시

쪽수 _ 듣기·말하기 90~95쪽

해치와 괴물 사형제

 학습개요

1	이야기에 나오는 인물의 모습을 상상하는 방법을 알아봅시다.
2	인물의 모습을 상상하여 몸짓으로 표현해 봅시다.
3~4	인물의 모습을 상상하여 여러 가지 모습으로 표현해 봅시다.

| 동기유발 | ♥ 그림 보고 이야기하기 – 돌아가며 말하기 |

⬇

| 학습문제 제시 | 인물의 모습을 상상하여 여러 가지 모습으로 표현해 봅시다. |

⬇

| 활동 | ♥ 이야기를 듣고, 내용 파악하기 – ○× 퀴즈
♥ 이야기 속 인물 모습 상상하여 그림으로 표현하기 – 하나, 둘, 셋 찰칵
♥ '허수아비 놀이' 하기 |

⬇

| 정리 | ★ 상호평가 및 느낀 점 말하기 |

♥ 교과서 관련 활동 / ★ 추가 제시 활동

 수업활동

[동기유발 1] 그림 보고 이야기하기 - 돌아가며 말하기

활동 목적

『해치와 괴물 사형제』의 모습은 학생들에게 낯설고 신기하게 느껴질 수 있다. 따라서 학생들에게 교과서의 그림을 보고 『해치와 괴물 사형제』가 각각 무엇을 하고 있는지 상상해 보게 한다면 제재글에 대한 흥미를 높여 수업의 효과를 증대시킬 수 있을 것이다.

활동 방법

① 교과서 90~91쪽의 그림을 보고 『해치와 괴물 사형제』가 각각 무엇을 하고 있는지 상상해 보도록 한다.

② 상상한 내용을 모둠 내에서 돌아가면서 이야기해 본다.

(예) 해치는 세상에 햇빛을 비추고 있다. 괴물 사형제는 무엇을 던지거나, 머리로 박거나, 입으로 뿜거나, 손으로 뭉치고 있다.

[학습문제 제시]
인물의 모습을 상상하여 여러 가지 모습으로 표현해 봅시다.

[활동 1] 이야기를 듣고, 내용 파악하기 - ○× 퀴즈

활동 목적

이야기를 듣고, 들은 내용을 파악하는 활동을 ○× 퀴즈 형식으로 진행한다.

○× 퀴즈는 반 전체 학생들이 이야기의 내용을 얼마나 귀 기울여 들었는지를 한 눈에 파악할 수 있고 정답에 대한 즉각적인 확인 또한 가능하다.

활동 방법

① 교과서 제재인 『해치와 괴물 사형제』를 들려준다.
② 학생들에게 '인물의 모습'에 대해서, 그리고 '인물이 한 일'에 대해서 질문할 것임을 말해 주고 다시 한 번 이야기를 들려준다.
③ 학생들은 내용을 집중하여 듣고, 교사의 질문에 따라 맞으면 ○, 틀리면 ×표시를 한다. 이때, ○×판을 이용해도 좋고, 팔로 크게 원을 그리거나 ×표를 만들어 표현해도 좋다.

인물의 모습에 대한 질문입니다.
① 해치는 입에서 불을 뿜는 것으로 보아, 토끼와 같은 모습을 하고 있을 것 같습니다. (×)
② 해치는 입에서 불을 뿜는 것으로 보아, 머리에 뿔을 단 용의 모습을 하고 있을 것 같습니다. (○)
③ 박치기 대왕은 팔 힘이 센 호랑이 모양을 하고 있을 것 같습니다. (×)
④ 뭉치기 대왕은 무엇이나 잘 뭉치는 개구리 모양을 하고 있을 것 같습니다. (○)

인물들이 한 일에 대한 질문입니다.
① 해치는 땅속으로 괴물 사형제를 쫓아냈습니다. (○)
② 해치는 정의의 뿔로 뭉치기 대왕을 들이받아 쓰러뜨렸습니다. (×)
③ 던지기 대왕이 커다란 바위를 해치에게 던졌습니다. (○)
④ 괴물 사형제는 땅속으로 도망쳤습니다. (○)

[활동 2] 이야기 속 인물 모습 상상하여 그림으로 표현하기
- 하나, 둘, 셋 찰칵

준비물 _ 도화지

활동 목적

이 활동은 이야기 속 인물의 모습을 상상하고, 그것을 가시적으로 표현해 보도록 하는 것이다. 특정 장면, 특정 표정과 모습들을 상상하여 그 순간 인물의 모습을 그려보게 함으로써 상상력과 표현력을 동시에 향상시켜줄 수 있을 것이다.

활동 방법

① 도화지를 한 장씩 나누어 준다.
② 『해치와 괴물 사형제』 이야기를 듣고, 여러 장면 중에서 가장 기억에 남는 장면을 골라 인물의 특징이 드러나도록 그려보게 한다.
③ 그림이 완성되면 특정 장면을 선택한 이유, 그리고 그렇게 표현한 이유에 대해 모둠 내에서 발표하게 한다.

[활동 3] '허수아비 놀이' 하기

활동 목적

'허수아비 놀이' 하기 활동은 인물의 세부적인 특징을 몸짓으로 표현해 보는 경험을 제공할 뿐 아니라, 짝끼리 호흡이 잘 맞아야하므로 협동심도 길러줄 수 있을 것이다.

활동 방법

① 각자 자신의 그림 속에 표현된 인물 중 어떤 인물을 표현하고 싶은지 한 인물을 결정한다.
② 짝끼리 한 팀이 되는데, 한 명은 주인이 되고 한 명은 허수아비가 된다. 이때 주인은 자신이 결정한 인물의 모습을 허수아비 역할을 하는 학생을 모델로 하여 앞에 나와 표현하도록 한다.
③ 짝끼리 바꾸어 가며 하도록 하고, 여러 인물을 표현하고 싶다면 반복하여 활동할 수도 있다.

[정리] 상호평가 및 느낀 점 말하기

활동 목적

허수아비 놀이를 한 결과를 토대로 서로 평가해보고 느낀 점을 이야기 해 봄으로써 3~4차시 동안 했던 활동들을 총 정리하는 시간을 가질 수 있을 것이다.

활동 방법

① 상호평가지를 나누어 주고 작성하도록 한다.
② 작성한 내용을 발표할 수 있는 기회를 제공한다.

〈 상호평가표 예시 〉		
평가 내용	모둠	점수
허수아비 놀이를 가장 잘 한 짝모둠은 어느 모둠인가요?		☆ ☆ ☆
		☆ ☆ ☆
평가 내용	친구 이름	점수
가장 실감 나는 허수아비가 된 친구는 누구인가요?		☆ ☆ ☆
		☆ ☆ ☆
느낀 점		
이야기 속 인물을 몸짓으로 표현해 보는 『허수아비 놀이』를 하며 어떤 점을 느꼈나요?		

1학년 2학기 7단원

상상의 날개를 펴고

1차시   시를 읽고, 재미있는 장면 떠올리기
2~3차시   시를 읽고, 떠오르는 장면 말하기
4차시   이야기를 읽고, 재미있는 내용 말하여 보기
5~6차시   이야기를 읽고, 재미있는 내용을 여러 가지 방법으로 표현하기

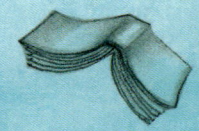

읽기

시를 읽고, 떠오르는 장면을 말하여 봅시다. 이야기를 읽고, 재미있는 내용을 여러 가지 방법으로 표현하여 봅시다.

🏫 단원 소개

　이 단원은 시와 이야기를 통해 문학에 대한 재미를 느끼고, 읽은 후의 감상을 그림이나 말, 글 등으로 표현하도록 하는데 중점을 두고 있다. 단순히 작품을 읽는 것에서 그치는 것이 아니라 초보적인 수준의 문학 감상능력을 기를 수 있도록 해야 할 것이다. 또한 교과서에 있는 작품 이외에 동화책, 동시집, 플래시 자료 등을 토대로 창의적인 아이디어로 활동을 구성하여 폭넓은 문학 감상이 이루어지도록 할 것이다.

🏫 제재 분석

　「눈」은 시인 윤동주의 동시집 산울림에 수록되어 있는 동시로 지난밤에 쌓인 눈을 지붕, 길, 밭이 추워해서 덮어 주는 이불로 묘사하였다.

　『나무야, 누워서 자라』는 따뜻한 마음을 가진 성은이가 나무와 해를 산 속에 누워서 자는 모습으로 그린 상황을 둘러싼 가족 간의 대화를 짧은 글로 표현한 작품이다. 과학적 사실과는 다른 내용이지만 아이의 따뜻한 마음을 느낄 수 있는 그림으로써 이어지는 기발한 생각들을 학생들로부터 이끌어내기 좋은 제재이다.

　『황소 아저씨』는 겨울이 되어 먹을 것을 구하기도 힘들고 보살펴 줄 엄마도 없어진 생쥐 형제들이 외양간의 황소 아저씨에게 먹이를 나누어 줄 것을 부탁하고, 마음씨 착한 황소 아저씨가 결국에는 생쥐 형제들을 모두 함께 외양간에서 생활하도록 허락한다는 따뜻한 이야기이다. 나눔과 베품의 의미를 되새기기에 좋은 작품으로 '볼볼', '오목오목' 등의 재미있는 표현들도 접할 수 있어 학생들이 흥미를 가지고 읽기에 적합하다.

교과서 단원 구성

차시	교과서 쪽수	차시 문제	교과서 학습활동
1	읽기 101~103	시를 읽고, 재미있는 장면을 떠올려 봅시다.	1. 장면을 머릿속에 떠올리며 「김장하는 날」을 소리 내어 읽어 봅시다. 2. 「김장하는 날」을 읽고, 물음에 답하여 봅시다. 3. 「김장하는 날」읽고, 재미있는 장면을 말하여 봅시다.
2~3	읽기 104~106	시를 읽고, 떠오르는 장면을 말하여 봅시다.	1. 겨울에 내리는 눈을 생각하면 어떤 장면이 떠오르는지 이야기하여 봅시다. 2. 떠오르는 장면을 생각하며 「눈」을 읽어 봅시다. 3. 「눈」을 읽고, 물음에 답하여 봅시다. 4. 「눈」을 다시 읽고, 떠오르는 장면을 말하여 봅시다. 5. 「눈」 노래를 불러 봅시다. 어떤 장면이 떠오르는지 친구들과 이야기하여 봅시다.
4	읽기 107~109	이야기를 읽고, 재미있는 내용을 말하여 봅시다.	1. 재미있는 내용을 생각하며 『나무야, 누워서 자라』를 읽어 봅시다. 2. 『나무야, 누워서 자라』를 읽고, 물음에 답하여 봅시다. 3. 『나무야, 누워서 자라』를 다시 읽고, 재미있는 내용을 말하여 봅시다. 4. 『나무야, 누워서 자라』를 읽고, 성은이에게 해 주고 싶은 말을 친구들과 이야기하여 봅시다.
5~6	읽기 110~114	이야기를 읽고, 재미있는 내용을 여러 가지 방법으로 표현하여 봅시다.	1. 황소와 새앙쥐는 친구가 될 수 있을까요? 재미있는 내용을 생각하며 『황소 아저씨』를 읽어 봅시다. 2. 『황소 아저씨』를 읽고, 물음에 답하여 봅시다. 3. 『황소 아저씨』를 다시 읽고, 재미있는 내용을 글이나 그림으로 나타내어 봅시다. 4. 『황소 아저씨』를 읽고, 인물이 한 일에 대한 내 생각을 말하여 봅시다.

1차시 | 쪽수_ 읽기 101~103쪽

김장하는 날

 학습개요

1	시를 읽고, 재미있는 장면을 떠올려 봅시다.
2~3	시를 읽고, 떠오르는 장면을 말하여 봅시다.
4	이야기를 읽고, 재미있는 내용을 말하여 봅시다.
5~6	이야기를 읽고, 재미있는 내용을 여러 가지 방법으로 표현하여 봅시다.

동기유발	★ '나는 누구일까요?' 퀴즈 풀기 ★ 김치의 종류 구경하기

⬇

학습문제 제시	시를 읽고, 재미있는 장면을 떠올려 봅시다.

⬇

활동	★ 김치와 관련된 다양한 시를 읽고, 재미있는 장면 떠올리기 ★ 손가락 인형으로 시 감상 후의 느낌 표현하기 ★ 박람회책 만들기

⬇

정리	♥ 「김치송」 들으며 오늘 공부한 내용 확인하기

[심화활동] 『오늘은 우리 집 김장하는 날』 일부분 읽어주기

♥ 교과서 관련 활동 / ★ 추가 제시 활동

 수업활동

[동기유발 1] '나는 누구일까요?' 퀴즈 풀기

활동 목적

'김치'를 맞추는 퀴즈를 풀어보며 김치의 색과 맛, 재료를 통해 김치의 특징을 이해하고 제재에 대한 흥미를 이끌 수 있도록 한다.

활동 방법

① '나는 누구일까요?' PPT자료를 보여준다.
② 네 가지 힌트를 보며 어떤 음식일지 생각해 본다.
③ '나'가 '김치' 임을 확인하여 본다.

퀴즈 "나는 누구일까요?"	"나는 누구일까요?" 1. 나는 한국 음식입니다. 2. 나는 빨간색입니다. 3. 나는 배추, 무 등의 야채로 만들었습니다. 4. 나는 매운 맛을 가지고 있습니다.

[동기유발 2] 김치의 종류 구경하기

활동 목적

김치의 종류를 PPT자료를 통해 구경하며 내가 먹어본 김치는 어떤 것이 있는지 확인하여 보고 우리 집에서 많이 만들어 먹는 김치를 구경하며 본시에서 배울 시의 내용을 짐작해 보도록 한다.

활동 방법

① PPT자료를 보며 내가 아는 김치의 이름을 이야기하여 본다.
② 김치 그림을 보며 한 문장으로 김치의 특징을 표현하여 본다.
    (예) 아이 매워! / 빨갛다. / 배추로 만들었다. 등
③ 우리 집에서 자주 만들어 먹는 김치는 무엇인지 이야기 하여 본다.
④ 김치박물관 홈페이지 주소 _ http://www.kimchimuseum.co.kr
⑤ 김치사랑축제 2009 소개 _ http://culturenomicsblog.seoul.go.kr
⑥ 김치박물관과 박람회를 소개하며 김치에 대한 관심을 갖도록 한다.

[학습문제 제시]
시를 읽고, 재미있는 장면을 떠올려 봅시다.

[활동 1] 김치와 관련된 다양한 시를 읽고, 재미있는 장면 떠올리기

활동 목적

김치와 관련된 시를 감상하며 김치와 관련된 경험을 떠올리고 시의 재미와 시를 감상하는 즐거움을 느낄 수 있으며 자신과 지은이의 생각과 느낌을 비교해 볼 수 있다.

활동 방법

① 김치가 만들어 지는 과정을 보여준다.
② 「매콤한 김치」, 「김장김치 담그는 날」, 「김치」등 김치와 관련된 시들을 감상한다.
③ 「김장하는 날」을 읽어보고 김치 담그는 날 풍경을 생각해 본다.
④ 아래의 시들을 모두 적용하기 보다는 교과서에 제시된 「김장하는 날」과 더불어 1~2편만 적용하는 것이 좋다.

김치 (와! 맛있는 동시 / 정두리 / 계림닷컴)

김치

난 잘 익은
김치가 좋아요.

엄마는 겉절이 김치가
좋으시대요.

밥 한 숟가락
김치 한 젓가락

맵싸하게 맛 든 김치
밥을 많이 먹게 해요

"얘, 잇속에 고춧가루 있나 거울 보거라."

[활동 2] 손가락 인형으로 시 감상 후의 느낌 표현하기

활동 목적

감상 초기 단계에 각자 손가락 인형을 손에 꽂아 높이 들며 친구들과 선생님의 감상 느낌을 나눈다. 그 과정에서 시의 재미있는 장면에 대한 생각을 선생님, 친구들과 공유할 수 있다.

활동 방법

부록 _ 45쪽

① 손가락 인형 자료를 인쇄하여 나누어 준다.

② 시를 여러 부분으로 나누어 읽고 그 부분에 대한 나의 느낌을 손가락 인형을 높이 들어 표현해 본다.

③ 주위의 친구들과 선생님은 어떤 손가락 인형을 들었는지 확인하여 본다.

④ 손가락 인형을 든 이유를 이야기하며 느낌을 공유해 본다.

[활동 3] 박람회책 만들기

활동 목적

인상 깊은 장면을 3~4가지 선정하여 박람회책에 그림을 그려보고 친구들에게 설명하고 전시를 하며 재미있는 장면을 친구들과 공유할 때 느끼는 재미를 알도록 한다.

활동 방법

① 앞에서 배운 시들 중에서 재미있게 느껴졌던 장면을 3~4가지로 선정하여 박람회책에 그려본다.

② 박람회책은 아침자습시간이나 재량시간에 미리 만들어 놓는 것이 바람직하다.

③ 박람회책을 친구들에게 소개하고 설명하는 시간을 갖는다.

④ 수업이 끝나면 뒤에 전시하여 본다.

① 16절 도화지를 준비한다.

② 세로로 반을 접는다.

③ 세로로 한번 더 반으로 접는다.

④ 가로로 반 접는다.

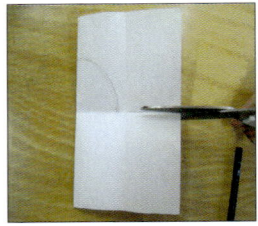
⑤ 중심에서 1cm 정도 여분을 남기고 둥근 모양으로 테두리를 그려 오린다.

⑥ 자른 상태에서 세로로 접는다.

⑦ 위와 같은 모양이 된다.

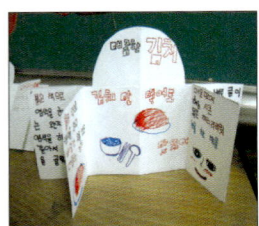
⑧ 시에 대한 감상과 떠오르는 그림을 꾸밀 수 있다.

⑨ 교실뒤에 전시한 모습

[정리] 「김치송」 들으며 오늘 공부한 내용 확인하기

활동 목적

김치와 관련된 재미있는 노래들을 부르고 앞서 배웠던 시들에 대한 재미있는 장면들을 떠올리며 즐거운 분위기에서 학습을 마무리한다.

활동 방법

① 「김치송」 가사를 알려주고 음악 파일을 통해 들려준다.
② 함께 「김치송」을 불러보며 시에서 재미있었던 장면을 떠올려 본다.

김치송 (박인호 작사·작곡)

김치송

춥춥춥춥 춥춥춥 하~!!
춥춥춥춥 춥춥춥 하~!!
햄버거 햄버거
피자 피자
쵸콜릿 쵸콜릿
아이스크림 아이스크림
콜라 콜라
케이크 케이크
chicken 예
살찐다!!! 살쪄

춥춥춥춥 춥춥춥 후 아
춥춥춥춥 춥춥춥 후 아
김치김치 김치가 좋다
김치김치김치를 먹자
김치김치김치가 맛있다
김치김치살안찐다

만약에 김치가 없더라면
무슨 맛으로 밥을 먹을까?
진수성찬산해진미 날 유혹해도
김치 없으면 왠지 허전해~
김치 없인 못살아 정말 못살아

나는나는 너를 못잊어~!
맛으로 보나 향기로 보나
빠질수없지
입맛을 바꿀수있나!

 이런 활동도 있어요

[심화활동] 『오늘은 우리 집 김장 하는 날』 일부분 읽어주기

부록 _ 46쪽

오늘은 우리 집 김장 하는 날
(채인선 / 보림)

----- 생략 -----
"무를 총총 채 썰고."
"마늘을 꽁꽁 찧고."
"찹쌀 풀을 퍼르르 끓이고."
"미나리랑 갓이랑 파도 송당송당 썰어 놓고."
"선미야 고춧가루 단지 내오거라."

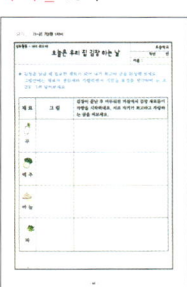

활동 목적

그림책의 일부분을 들으며 이야기 속 주인공 집에서 어떤 일이 벌어지고 있는지 이야기를 나누어 봄으로써 제재에 대한 흥미와 관심을 유발하도록 한다.

활동 방법

① 『오늘은 우리 집 김장 하는 날』 일부분 들려주기
② 그림책의 제목을 추측하여 맞춰보기
③ 우리 집에서 김장하는 날 있었던 일을 이야기하여 보기
④ 김장의 재료들이 되어 자랑 글 써보기 (활동지 부록 참고)

2~3차시

쪽수 _ 읽기 104 ~ 106쪽

눈

 학습개요

1	시를 읽고, 재미있는 장면을 떠올려 봅시다.
2~3	시를 읽고, 떠오르는 장면을 말하여 봅시다.
4	이야기를 읽고, 재미있는 내용을 말하여 봅시다.
5~6	이야기를 읽고, 재미있는 내용을 여러 가지 방법으로 표현하여 봅시다.

동기유발	★ 연상퀴즈 맞추기

⬇

학습문제 제시	시를 읽고, 떠오르는 장면을 말하여 봅시다.

⬇

활동	★ '눈'과 관련된 다양한 시를 읽고, 재미있는 장면 떠올리기 ★ 시를 읽은 후, 떠오르는 생각을 눈송이에 적기 ★ 시의 재미있는 장면 떠올리며 제목 맞추기

⬇

정리	★ 「꼬마 눈사람」, 「겨울바람」 동요 부르기

[심화활동] 동화책 『눈 오는 날』을 읽고 인상 깊은 장면 나타내기

♥ 교과서 관련 활동 / ★ 추가 제시 활동

 수업활동

[동기유발] 연상퀴즈 맞추기

활동 목적

　눈과 관련된 다양한 그림과 사진을 통해 '눈'을 연상해 내는 활동을 하며 눈의 이미지나 느낌, 경험들을 생각해 볼 수 있다.

활동 방법

　① 눈과 관련된 PPT자료 화면을 보면서 무엇에 관한 것들인지, 연상되는 것들을 말해 보도록 한다.
　② 눈의 느낌과 눈과 관련하여 알고 있는 것들을 이야기해 본다.
　③ 눈 내리는 날 재미있게 놀았던 경험에 대해 이야기해 본다.

[학습문제 제시]

시를 읽고, 떠오르는 장면을 말하여 봅시다.

[활동 1] '눈'과 관련된 다양한 시를 읽고, 재미있는 장면 떠올리기

활동 목적

　재미있고 다양한 시들을 읽으며 즉흥적으로 떠오르는 장면을 이야기하여 보면서 시에서 나타난 장면을 파악하는 방법을 익힐 수 있다.

활동 방법

　① 판서나 PPT자료를 통해 '눈'과 관련된 재미있는 동시들을 보여준다.
　② 작품들 중 인상적이었던 장면을 이야기해 보도록 한다.
　③ 나의 경험과 생각을 연관 지어 이야기해 보도록 한다.

[활동 2] 시를 읽은 후, 떠오르는 생각을 눈송이에 적기

활동 목적

시를 읽고 떠오르는 생각을 눈송이 메모지에 적어 칠판에 붙이는 활동을 해 봄으로써 시의 재미있는 장면과 이미지를 생각해 보고, 친구들과 선생님은 어떤 생각을 떠올렸는지 확인해 볼 수 있다.

활동 방법

① 시에 어울리는 배경음악과 함께 분위기에 어울리게 시 「눈」을 읽어 본다.
② 시를 읽고 떠오르는 생각을 한 사람당 하나씩 주어진 눈송이 메모지에 적어 본다.
③ 시간이 허락된다면 눈송이에 그림을 그려 자유롭게 꾸며도 된다.
④ 눈송이에 글쓰기를 마친 아이는 내용을 발표하고 칠판에 붙이도록 한다.
⑤ 아이들 수만큼의 눈송이가 모이면 칠판에 하나의 눈사람이 완성되도록 한다.

[활동 3] 시의 재미있는 장면 떠올리며 제목 맞추기

부록 _ 47쪽

활동 목적

눈과 관련된 시 뿐만 아니라 실생활과 관련된 다양한 시를 읽고, 시에 어울리는 제목이 무엇인지 생각해 보는 과정을 통해 생생하고 공감되는 장면을 떠올려 볼 수 있다.

활동 방법

① 시 3편을 읽고, 재미있는 장면을 떠올리며 시인이 어떤 제목을 지었을지 생각해 본다.
② 가장 인상 깊은 장면이 있는 시를 고르고 그 이유도 정리하여 본 다음 친구들 앞에서 발표해 본다.

[정리] 「꼬마 눈사람」, 「겨울바람」 동요 부르기

활동 목적

'눈'과 '겨울'과 관련된 동요를 찾아 부르며 재미있는 장면을 떠올리고 학습 내용을 확인해 본다.

활동 방법

① 「꼬마 눈사람」, 「겨울바람」 동요를 불러본다.
② 동요에 어울리는 몸짓을 하면서 노래를 불러본다.
③ 재미있는 장면을 떠올려 본다.

 이런 활동도 있어요

[심화활동] 동화책 『눈 오는 날』을 읽고 인상 깊은 장면 나타내기

활동 목적

눈을 제재로 한 동화책을 읽어보며 다양한 작품을 읽는 즐거움을 느낄 수 있다. 또한 책을 읽은 다음에는 눈 결정체 접기를 활용하여 작품에서 가장 기억에 남는 장면을 그림으로 나타내 볼 수 있다.

활동 방법

① '아침에 눈을 떴을 때' 온 세상이 하얀 눈으로 덮여 있으면 얼마나 신날까? 『눈 오는 날』에서 피터는 얼른 뛰어나가 눈사람을 만들고 눈 미끄럼을 탄다. 그러다가 내일 가지고 놀기위해 눈뭉치를 주머니에 넣고 집에 들어온다. 눈이 내렸을 때 아이들이 느끼는 신비감을 묘사한 책이다.

② 책을 소개하고 읽어 준 다음 가장 인상 깊은 장면을 검정 도화지에 크레파스로 그려 보도록 한다.

눈 오는 날 (에즈라 잭 키츠 / 비룡소)

 참고자료

- 풀잎 동요마을 (동요 악보, 동요 듣기가 되는 곳) _ http://pullip.ktdom.com
- 다음 키즈짱의 잼잼 동화 _ http://kids.daum.net/movie

4차시

쪽수 _ 읽기 107~109쪽

나무야, 누워서 자라

 학습개요

1	시를 읽고, 재미있는 장면을 떠올려 봅시다.
2~3	시를 읽고, 떠오르는 장면을 말하여 봅시다.
4	이야기를 읽고, 재미있는 내용을 말하여 봅시다.
5~6	이야기를 읽고, 재미있는 내용을 여러 가지 방법으로 표현하여 봅시다.

동기유발	★ 시에서 재미있는 말 찾기 ★ 노래에서 재미있는 말 찾기

⬇

학습문제 제시	이야기를 읽고, 재미있는 내용을 말하여 봅시다.

⬇

활동	♥ 『나무야, 누워서 자라』를 읽고 내용 파악하기 ♥ 『나무야, 누워서 자라』에서 모양, 소리를 재미있게 표현한 말 찾아보기 ♥ 『나무야, 누워서 자라』에서 재미있는 생각 찾아보기 – 담임선생님이 되어 성은이 칭찬하기 ★ 다른 이야기에서 재미있는 내용 찾아보기

⬇

정리	★ 인물에게 하고 싶은 말 하기

[심화활동] 소리나는 그림 그리기

♥ 교과서 관련 활동 / ★ 추가 제시 활동

216 _

 수업활동

[동기유발 1] 시에서 재미있는 말 찾기

활동 목적

이번 차시에서는 이야기를 읽고 재미있는 표현을 찾는 활동을 주로 한다. 전 차시까지 했던 '시를 읽고 재미있는 말 찾기' 활동을 간단히 다루면서 이야기에서 재미있는 표현을 찾는 활동도 쉽게 느낄 수 있도록 도울 필요가 있다.

활동 방법

시집 『쉬는 시간 언제 오냐』에서 찾은 간단한 시 「밤 먹는 소리」를 들려주고 재미있는 말을 찾는다. 함께 찾은 재미있는 말을 생각하며 다 같이 시를 읽어 본다.

밤 먹는 소리	싸락눈
빠닥	하느님께서
아그작	진지를 잡수시다가
빡 빠그닥	손이 시린지
우두둑 우두덕	덜
밤 먹는 소리	덜
맛있는 소리	덜
	덜
	자꾸만 밥알을 흘리십니다.

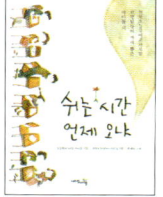
밤 먹는 소리 (윤하은)
(쉬는시간 언제 오냐 / 나라말아이들)

싸락눈 (김소은)
(참나무 깨동시 / 청개구리)

[동기유발 2] 노래에서 재미있는 말 찾기

활동 목적

이야기에서 표현을 찾는 활동에 부담을 느끼는 학생을 위하여, 1학기 수업시간에 이미 학습한 노래를 통해 재미있는 표현을 찾는 연습을 해본다.

활동 방법

1학기 제재곡 중 「02. 봄 인사」 또는 「04. 누구를 만날까요」를 부르며 재미있는 표현을 찾아 발표해 본다. 재미있는 표현에는 말과 어울리는 몸짓을 정하여 다함께 다시 불러본다.

봄 인사	누구를 만날까요
땅 밑에선 작은 손들이 흙덩이를 밀고나와 저요 저요 손을 흔들며 봄 인사를 합니다.	개울가로 가봐요 누구를 만날까요 뒤뚱뒤뚱 오리 팔짝팔짝 개구리 꽈악꽈악 오리 개굴개굴 개구리 팔랑팔랑 나뭇잎 오물오물 다람쥐

[학습문제 제시]
이야기를 읽고, 재미있는 내용을 말하여 봅시다.

[활동 1] 『나무야, 누워서 자라』를 읽고 내용 파악하기

활동 목적

글을 읽고, 내용을 파악할 수 있다.

활동 방법

① 교과서 107~109쪽의 이야기 『나무야, 누워서 자라』를 읽어 본다.
② 발문을 통하여 내용을 파악한다. (교과서 110쪽 3문항)

[활동 2] 『나무야, 누워서 자라』에서 모양, 소리를 재미있게 표현한 말 찾아보기

활동 목적

교과서에서는 '이야기를 읽고, 재미있는 내용을 말하여 봅시다.'라는 물음에 바로 이어서 '모양, 소리를 나타낸 표현'과 '생각을 재미있게 표현한 부분'을 찾아내는 활동이 바로 이어진다. '재미있는 발상이 있는 부분'과 '꾸며주는 말들이 있는 부분'을 구분하여 안내함으로써 학생들이 보다 수월하게 재미있는 부분을 찾을 수 있도록 도울 필요가 있다.

① 교사가 칠판에(또는 프로젝션 TV에) 다음과 같이 판서한다.

성은아, (   ) 빛나는 별을 참 예쁘게 그렸구나.

빈 부분에 '반짝반짝'이라는 표현이 들어감으로써 문장의 느낌이 어떻게 바뀌는지 발표한다.

② 위와 같은 표현을 가진 문장을 본문에서 찾아보게 한다.

> 나무도 해와 함께 새근새근 잠을 자고 있어요.

빈 부분에 '새근새근'이라는 표현이 들어있지 않다면 어떤 느낌일지 발표한다.

[활동 3] 『나무야, 누워서 자라』에서 재미있는 생각 찾아보기
– 담임선생님이 되어 성은이 칭찬하기

활동 목적

교사와의 문답에 의해 교과서에 제시된 재미있는 발상들을 알게 되는 것 보다는 학생 스스로 찾을 기회를 주는 것이 중요하다. 본문의 내용을 파악한 후 학생이 본문 안의 어머니, 아버지 혹은 성은이의 담임선생님이 되어 성은이의 표현 중 재미있는 부분을 칭찬하는 기회를 가져본다. 선생님 놀이를 하듯이 말투나 행동을 흉내 내도록 유도한다면 더욱 재미있는 시간이 될 수 있을 것이다. 교사가 칭찬의 예를 하나 들어주는 것도 좋겠다.

  (예) 나무가 온종일 서 있어서 다리가 아플 테니까, 잘 때만이라도 편안히 쉬라고 하는
       성은이의 마음이 참 예쁘구나.

활동 방법

성은이와 부모님의 대화를 담임선생님께서 알게 되었습니다. 여러분이 선생님이 되어서 성은이의 재미있는 생각을 구체적으로 칭찬해 보세요.
① 나무는 누웠다 섰다 할 수 없는데, 그림에서만이라도 나무를 편안히 잠재우고 싶은 성은이의 마음이 따뜻하구나.
② 나무가 잠자는 모습을 아이가 자는 모습처럼 표현한 성은이의 생각이 정말 재미있구나.

[활동 4] 다른 이야기에서 재미있는 내용 찾아보기

활동 목적

이야기에서 재미있는 내용을 찾는 활동을 모두 마쳤으므로 간단한 다른 이야기를 읽고 그 안에서 재미있는 내용을 찾아보면서 본 차시 학습내용을 정리 할 수 있다.

활동 방법

간단한 이야기가 제시된 학습 활동지를 보며 색연필로 재미있는 내용을 찾아 밑줄을 긋는다. 자신의 결과를 짝과 맞춰보고, 왜 그 부분이 재미있다고 생각했는지 이야기를 나누어 본다.

부록 _ 48쪽

[정리] 인물에게 하고 싶은 말 하기

활동 목적

글에서 찾은 재미있는 장면을 내면화하여 학생의 말로 느낌과 생각을 표현할 수 있다.

활동 방법

① 짝을 성은이라고 생각하고 하고싶은 말을 자유롭게 해 본다.
② 내가 들은 짝의 말 중에 재미있는 내용을 전체 친구들 앞에서 발표해 본다.

 이런 활동도 있어요

[심화활동] 소리나는 그림 그리기

부록 _ 49쪽

활동 목적

본 차시의 목적은 학생들이 이야기 안에서 재미있는 내용을 찾아 말하는 것이다. 주어진 이야기에서 재미있는 표현을 찾아내는 활동을 마쳤다면 비슷한 맥락 안에서 연관된 소재로 재미있는 표현을 만들어 낼 수 있다. 학생들은 맥락이 이어진다는 면에서 편안함을 느끼며 재미있는 표현들을 다양하게 만들어 내는 활동을 통해 보다 높은 수준의 성취도 이루어 낼 수 있을 것이다. 이 활동은 재미있는 발상과 함께 흉내 내는 말을 찾아 꾸며 쓰는 것을 목표로 한다.

활동 방법

각자 생각하는 밤의 모습을 그린다. 본문에서 성은이가 나무와 해를 잠자도록 그렸던 것을 생각하며 다양한 공간에서 다양한 대상을 그릴 수 있도록 지도한다.

(예) 우리 동네 – 자동차, 가로등, 우리 집, 문방구 등 // 학교 – 운동장, 책상, 문, 급식실 등 // 산 – 시냇물, 산새, 다람쥐, 나무 등

각각의 대상에 번호를 붙이고, 모습이나 행동의 꾸며주는 말을 아래의 빈 칸에 채워 넣고 짝이 그림을 누르면 해당하는 재미있는 표현을 소리 내어 말하도록 한다. 그림에 대한 설명도 짝끼리나 모둠 안에서 자연스럽게 이루어지도록 한다.

참고자료

- 초등학교 1학년 교과서 음악감상 _ http://www.ssem.or.kr/

 이런 책도 있어요

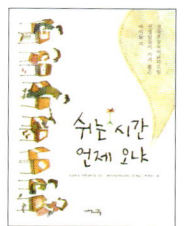 쉬는 시간 언제 오냐 (전국 초등 국어 교과 모임 / 나라말아이들)	아이들의 마음을 그대로 담아낸 듯한 시집이다. 억지로 꾸미는 말 없이 자연스럽게 말하는 아이들의 목소리가 그대로 전해져 온다.
 참동무 깨동시 (김용희, 박덕규 / 청개구리)	2001년에서 2002년에 걸쳐 조선일보에 연재되었던 동시들을 귀여운 일러스트와 함께 묶어 책에 담았다.
 하늘에서 음식이 내린다면 (쥬디 바레트 / 토토북)	재미난 발상에서 시작한 이 이야기는 아이들의 흥미를 끌기에 부족함이 없다. 하늘에서 음식이 떨어지는 마을의 이야기. 세밀한 묘사의 그림과 함께여서 더욱 더 아이들이 좋아할 책이다.

5~6차시

쪽수 _ 읽기 110 ~ 114쪽

황소 아저씨

 학습개요

1	시를 읽고, 재미있는 장면을 떠올려 봅시다.
2~3	시를 읽고, 떠오르는 장면을 말하여 봅시다.
4	이야기를 읽고, 재미있는 내용을 말하여 봅시다.
5~6	이야기를 읽고, 재미있는 내용을 여러 가지 방법으로 표현하여 봅시다.

동기유발	★ 「쥐가 백 마리」 노래 부르기
학습문제 제시	이야기를 읽고, 재미있는 내용을 여러 가지 방법으로 표현하여 봅시다.
활동	♥ 『황소 아저씨』의 내용 파악하기 ★ 재미있는 내용 표현하기 – 만화영화 포스터 만들기 ★ 재미있는 내용 표현하기 – 말풍선 채우기 ★ 재미있는 내용 표현하기 – 장면 역할 놀이 ★ 재미있는 내용 표현하기 – 노랫말 바꾸기

[심화활동] 여러 동화책 읽고 재미있는 내용 찾아 표현하기

♥ 교과서 관련 활동 / ★ 추가 제시 활동

 수업활동

[동기유발] 「쥐가 백 마리」 노래 부르기

활동 목적

본 차시의 제재 주인공은 황소와 쥐이다. 쥐와 관련된 재미있는 동요를 같이 부르며 (가능하면 율동과 함께) 본문에 자연스럽게 접근할 수 있도록 돕는다.

활동 방법

「쥐가 백 마리」를 들려주고 간단한 율동과 함께 재미있게 같이 불러본다.

쥐가 백 마리

쥐가 한마리가 쥐가 두마리가	그때 야옹 야옹 고양이 나왔지
쥐가 세마리 네마리 다섯마리가	그때 야옹 야옹 고양이 화났지
쥐가 여섯마리가 쥐가 일곱마리가	그때 도망갔지 쥐가 도망갔지
쥐가 여덟마리 아홉마리 열마리가	쥐가 어디까지 도망갔나 나는 몰라
모두 열마리 아니 스무마리 아니	옳지 쥐구멍이지 옳지 쥐구멍이지
서른마리 마흔마리 쉰마리	
아니 예순마리 아니 일흔마리	모두 쥐구멍에 들어가서 숨어 버렸지
아니 여든 마리 아흔마리 백마리	

쥐가 백 마리 (외국곡)

[학습문제 제시]

이야기를 읽고, 재미있는 내용을 여러 가지 방법으로 표현하여 봅시다.

[활동 1] 『황소 아저씨』의 내용 파악하기

활동 목적

글을 읽고, 내용을 파악할 수 있다.

활동 방법

① 교과서 110~113쪽의 이야기 『황소 아저씨』를 읽어본다.
② 발문을 통하여 내용을 파악한다. (교과서 117쪽 ③번 문항)

[활동 2] 재미있는 내용 표현하기 – 만화영화 포스터 만들기

활동 목적

교과서에 제시된 그림 그리는 공간도 좋지만, 보다 학생들의 흥미를 유발하고 '재미있는 순간'을 포착해 나타내는 도구로서 만화영화 포스터를 만들어 보는 활동을 해본다.

활동 방법

이야기를 만화로 만들었을 때 가장 재미있을 장면을 상상하여 만화영화 포스터로 표현한다. 학생들 스스로를 만화영화 만드는 사람이라고 상상하고 최대한 관객이 많이 올 수 있을 포스터를 만들어 보라고 동기부여를 한다.

부록 _ 50쪽

[활동 3] 재미있는 내용 표현하기 – 말풍선 채우기

활동 목적

학생들은 교과서에 제시된 삽화에 낙서를 하면서 굉장히 즐거워한다. 이에 교과서 삽화를 이용하여 말풍선을 채우는 활동을 한다면 교과서의 내용을 다시 한 번 떠올려보며 즐겁게 활동을 할 수 있을 것이다.

활동 방법

교과서 삽화를 이용하여 만들어진 학습 활동지의 말풍선에 학생들이 재미있는 대사를 생각해 채워 넣는다.

부록 _ 51쪽

부록 _ 52쪽

[활동 4] 재미있는 내용 표현하기 – 장면 역할 놀이

활동 목적

이야기를 읽은 후에 글쓰기나 그림을 그리는 활동이 독후활동으로 너무 판에 박히고 아이들의 표현력을 단지 글쓰기나 그림실력으로 제한한다는 비판이 있어왔다. 하지만 역할극을 생각하자니 평소 훈련이 되어있지 않거나 여러 조건이 맞지 않을 경우에는 망설여지는 것이 현실이다. 따라서 별다른 준비나 훈련없이 직접 역할을 맡아 움직이며 표현해 보는 활동을 소개하고자 한다.

활동 방법

① 장면을 설정한다.
　– 학생이 재미있는 내용이라고 발표한 내용 중에서 선정한다.
　– 학생이 재미있다고 선정한 장면이 너무 짧을 경우에는 교사가 정리하여 제시해준다.
　　(예) ▶ 생쥐가 갑자기 튀어나와 황소 아저씨의 꼬리에 튕기고 불쌍한 사정을 이야기 하는 장면
　　　　▶ 생쥐가 황소 아저씨의 등을 14번 타넘는 장면
　　　　▶ 생쥐 남매들이 아저씨에게 몰려와 아저씨의 눈이 오목오목 커지는 장면과 함께 잠드는 장면

② 모둠별 장면을 정하고 간단히 준비한다.
　– 각 모둠에서 맡은 장면에 대비하여 장면을 연습하거나 필요한 그림 등을 준비한다.
③ 재미있는 장면을 실연해본다.
　– 대사가 없는 장면에서는 동작을 크고 과장되게 해야 함을 실연 전에 강조한다.

[활동 5] 재미있는 내용 표현하기 – 노랫말 바꾸기

활동 목적

머리 속에 계속 기억되는 간단한 노랫말을 이야기의 내용으로 바꾸어 노래를 부르

부록 _ 53쪽

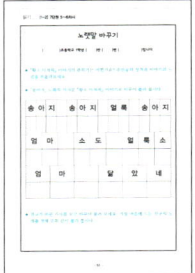

면서 이야기의 내용을 계속 떠올려 볼 수 있다.

활동 방법

간단한 동요인 「송아지」의 가사 틀 학습 활동지에 맞추어 『황소 아저씨』의 내용을 동요로 바꾸어 본다. 학습 활동지에 채워 넣는 활동에 들어가기 전에 교사와 함께 생각나는 말이나 표현들을 칠판에 같이 적어보는 것도 생각 꺼내기 활동으로 좋겠다.

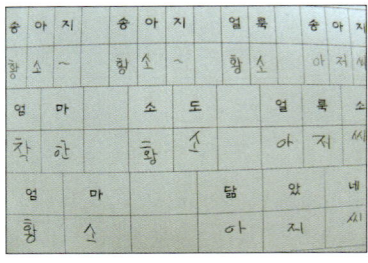 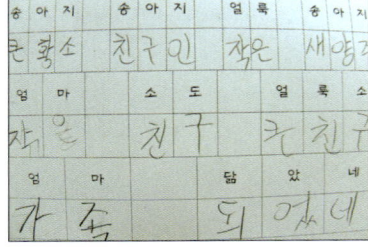

 이런 활동도 있어요

[심화활동] 여러 동화책 읽고 재미있는 내용 찾아 표현하기

활동 목적

기발한 발상으로 이야기가 전개되는 책은 아이들을 빨아들이는 힘이 있다. 그렇게 빠져들어 읽은 재미있는 내용을 여러 가지 방법으로 표현해 보는 활동은 아동의 감상력과 창의력을 키워주는데 모두 도움이 될 것이다. 세계 여러 나라의 학생들이 함께 즐기는 동화책을 두 가지 소개한다.

활동 방법

『생쥐와 고래』, 『감기 걸린 날』 두 책 모두 그림 그리기, 역할놀이, 역할극 등 다양한 방법으로 재미있는 내용이 표현 될 수 있는 소재이다.

역할놀이

① 장면을 정리한다. (『감기 걸린 날』은 매우 간단한 흐름으로 이루어져 있다. 따라서 모든 장면을 아이들이 간단히 해 보기에 적합하다.)
  – 엄마가 주인공에게 오리털 파카를 주는 장면
  – 털이 없는 오리들이 주인공 아이 앞에 와서 털을 달라고 하는 장면
  – 주인공이 옷 속에서 털을 뽑아 오리들에게 심어주는 장면
  – 오리들과 썰매를 타고 숨바꼭질 하는 장면
  – 감기에 걸린 장면

② 학급의 모든 학생에게 역할을 준다.
- 학급 전체를 이등분 하거나 삼등분해서 다른 학생들은 관객이 되도록 한다.

엄마	주인공	오리들
1명	1명	나머지 학생들

③ 이야기를 실현해본다.

 참고자료

■ 초등학교 3학년 교과서 음악감상 _ http://www.ssem.or.kr/

 이런 책도 있어요

 생쥐와 고래 (윌리엄 스타이그 / 다산기획)	바다를 여행하던 생쥐가 물에 빠지자 고래가 도와준다. 은혜를 갚겠다고 약속한 생쥐는 고래가 육지에 밀려와 위험에 처하자 도와준다는 이야기이다.
 감기 걸린 날 (김동수 / 보림)	오리털 파카 안에 있는 오리털을 꿈 속에 나온 오리들에게 하나씩 나누어 주고 감기에 걸린 귀여운 아이의 이야기가 따뜻한 느낌의 그림과 함께 어우러져 있다.

1학년 2학기 7단원

상상의 날개를 펴고

1차시 시를 읽고, 재미있는 내용이나 표현 찾기
2차시 시 바꾸어 쓰기
3~4차시 이야기를 읽고, 상상하여 그림이나 글로 표현하기

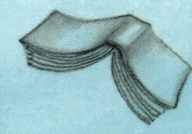

쓰기

시나 이야기를 읽으면 우주여행을 할 수도 있고, 바닷속을 구경할 수도 있습니다. 시나 이야기를 읽고, 내용을 상상하여 그림이나 글로 표현하여 봅시다.

단원 소개

　이 단원은 문학 작품을 읽고 내용을 상상하여 그림이나 글로 표현하는 것을 궁극적 목적으로 하고 있다. 이를 위하여 교과서에는 서로의 닮은 꼴을 상상할 수 있게 해 주는 동시와 이야기의 배경이나 장면을 상상하기 좋은 이야기를 수록하였다.

　1학년 학습자의 입장에서 이야기를 읽고 전혀 새로운 문학을 창작하거나 문학 자체를 향유하는 것이 어려운 만큼 다양한 자료와 시각적 활동을 통하여 접근하는 것이 바람직할 것이다. 또한 이러한 활동을 통하여 문학 작품의 주제나 교훈을 적절하게 설명하는 것이 목적이 아니라 문학 자체를 즐기고 흥미를 느끼는 것이 이 단원의 목표라는 점에 유념해야 할 것이다.

　장면을 상기시키기 위해서는 직접 그림을 그려보거나 연상되는 단어를 떠올려 보는 활동, 나아가 직접 연기를 해 보는 활동 등을 적용할 수 있다.

제재 분석

　「우리는 닮은꼴」은 가족구성원 간의 특징이 닮았음을 토대로 비슷한 점을 찾아 표현한 동시다. 특히 외적 특징과 내적 특징, 즉 모습과 습관을 모두 언급하여 학생들에게 '닮은꼴'이 그저 보이는 형태 뿐만 아니라 성향과 버릇까지 포함한다는 것을 알려 주고 있다.

　「방귀쟁이」는 학생들의 흥미를 유발하는 '방귀'라는 소재를 활용하여 재미있는 장면을 여러번 상상할 수 있는 제재이다. 이야기 뒷부분에 이어질 내용을 자유롭게 상상할 수 있는 열린 사고를 하기에 적절하다. 1학기의 교과서 수록 시「방귀」와 연관하여 배경 지식을 활성화 하는 것도 유용하다.

교과서 단원 구성

차시	교과서 쪽수	차시 문제	교과서 학습활동
1	쓰기 83~85	시를 읽고, 재미있는 내용이나 표현을 찾아봅시다.	1. 우리 가족을 떠올리며 「우리는 닮은 꼴」을 읽어 봅시다. 2. 「우리는 닮은 꼴」을 다시 읽고, 물음에 답해 봅시다. 3. 우리 가족과 나의 닮은 점이 무엇인지 생각해 봅시다.
2	쓰기 84~87	시를 바꾸어 써봅시다.	1. 우리 가족을 떠올려 보고, 나와 닮은 모습이나 습관을 써봅시다. 2. 1에서 쓴 것을 다시 읽고, 물음에 답해 봅시다. 3. 1과 2의 활동을 바탕으로 하여, 「우리는 닮은 꼴」을 바꾸어 시를 써봅시다. 4. 3에서 쓴 시를 친구들 앞에서 읽어 봅시다. 5. 친구들의 시를 듣고, 잘한 친구를 찾아 칭찬해 봅시다.
3~4	쓰기 88~92	이야기를 읽고, 재미있는 장면을 글이나 그림으로 표현하여 봅시다.	1. 이야기의 장면을 상상하며 「방귀쟁이」를 읽어 봅시다. 2. 「방귀쟁이」을 다시 읽고, 물음에 답하여 봅시다. 3. 「방귀쟁이」의 내용을 생각하며 가장 재미있었던 장면을 떠올려 그림으로 그려 봅시다. 4. 호랑이가 길을 걷다가 두 방귀쟁이를 만났습니다. 호랑이에게 어떤 일이 일어날지 상상해 봅시다. 5. 멀리 날아간 호랑이에게 무슨 일이 일어났을까요? 상상하여 빈칸에 써봅시다. 6. 5에서 상상한 내용을 바탕으로 하여, 이야기를 꾸며 발표해 봅시다.

1차시 쪽수_ 쓰기 83~85쪽

우리는 닮은 꼴 1

 학습개요

1	시를 읽고, 재미있는 내용이나 표현을 찾아봅시다.
2	시를 바꾸어 써봅시다.
3~4	이야기를 읽고, 재미있는 장면을 글이나 그림으로 표현하여 봅시다.

동기유발	★ 가족 찾기 게임 ★ 재미있는 표현 투표

⬇

학습문제 제시	시를 읽고, 재미있는 내용이나 표현을 찾아봅시다.

⬇

활동	♥ 「우리는 닮은 꼴」 작품 읽기 - 행동으로 낭송하기 ♥ 「우리는 닮은 꼴」을 다시 읽고, 물음에 답하기 ★ 우리 가족 그림 그리기 ♥ 모습이나 습관에서 우리 가족과 나의 닮은 점이 무엇인지 생각하기

⬇

정리	★ 나라마다 백성 찾기 게임

[심화활동] 이웃 게임하기

♥ 교과서 관련 활동 / ★ 추가 제시 활동

 수업활동

[동기유발 1] 가족 찾기 게임
활동 목적

닮은 꼴의 의미를 알고 닮은 것들끼리 무리지어 분류할 수 있도록 한다.

활동 방법

소나무, 단풍나무, 은행나무, 느티나무 등 서로의 차이점이 뚜렷한 나뭇잎 모양 여러 장을 준비하여 나누어 주고, 노래가 나오는 동안 닮은 꼴 잎사귀를 가진 가족들끼리 모이도록 한다.

[동기유발 2] 재미있는 표현 투표
활동 목적

'재미있는 표현'에 대하여 알고 있는지 확인하고, 나의 생각이 맞는지를 검토하게 한다.

활동 방법

재미있는 표현과 일상적인 표현을 사용한 문장을 1개씩 써 주고 재미있다고 생각하는 표현에 각자 스티커나 자석을 붙여 보도록 한다.

여기서 잠깐

학급 전체가 참여하고 잘 보이는 자석이나 스티커를 사용하여 한 눈에 결과를 보기 쉽도록 유도한다.

준비물 _ 다양한 나뭇잎

부록 _ 54쪽

> **[학습문제 제시]**
> 시를 읽고, 재미있는 내용이나 표현을 찾아봅시다.

[활동 1] 「우리는 닮은 꼴」 작품 읽기 – 행동으로 낭송하기
활동 목적

작품의 내용을 행동으로 이해하고 재미를 느낀다.

활동 방법

– 시를 함께 낭송하면서 시의 내용에 알맞은 행동으로 표현한다.

 (예) 곱슬머리 아빠 닮았다 : 머리를 돌돌 마는 행동, 아빠처럼 어흠 하는 행동

– 다양한 행동을 모두 인정하고 학생들이 스스로 원하는 행동을 할 수 있도록 격려한다.

[활동 2] 「우리는 닮은 꼴」을 다시 읽고, 물음에 답하기

활동 방법

① 아빠를 닮은 것은 어떤 부분인가요?
② 발가락의 길이는 누구를 닮았나요?
③ 나는 가족 중 누구를 많이 닮았나요?

[활동 3] 우리 가족 그림 그리기

부록_55쪽

활동 목적

서로의 닮은 꼴이 무엇인지를 파악하는 과정에서 나의 경험과 다른 사람들의 경험을 살려 시의 내용을 이해하고 시 바꿔쓰기의 토대를 만든다.

활동 방법

- 우리 가족의 그림을 그리되, 서로의 닮은 꼴을 잘 살려 그린다. 그린 그림을 모둠원들에게 돌아가면서 보여주며 어디가 닮은 꼴인지 찾도록 한다.
- 이 활동은 2차시의 첫 번째 활동과도 연관지을 수 있다.

[활동 4] 모습이나 습관에서 우리 가족과 나의 닮은 점이 무엇인지 생각하기

[정리] 나라마다 백성 찾기 게임

- 세모 나라와 네모 나라로 칠판을 나누어 둔 뒤, 각자 받은 모양에 따라 맞는 나라의 백성으로 모이도록 한다. 이 때, 다양한 색깔을 가진 세모와 네모를 만들어 나누어 준다.

– 차이점에 따라 닮은 꼴을 분류한다는 의미를 이해하도록 게임을 진행한다. 게임 2에서는 여러 가지 공통점 중에서 한 가지에 초점을 맞추도록 한다. (세모, 네모를 인쇄할 때 여러가지 색의 색 A4용지에 인쇄하면 편리하다.)

부록 _ 56쪽

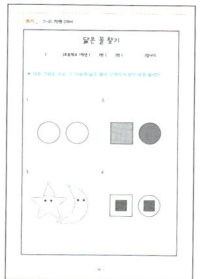

 이런 활동도 있어요

[심화활동] 이웃 게임하기

특징 한 가지씩을 술래가 말하면 특징을 가진 친구끼리 모이는 이웃 게임을 한다.

(예) 안경! – 안경을 낀 집단과 끼지 않은 집단

옷 색깔! – 옷 색깔이 비슷한 집단끼리

2차시   쪽수 _ 쓰기 84~87쪽

우리는 닮은 꼴 2

 학습개요

1	시를 읽고, 재미있는 내용이나 표현을 찾아봅시다.
2	시를 바꾸어 써봅시다.
3~4	이야기를 읽고, 재미있는 장면을 글이나 그림으로 표현하여 봅시다.

동기유발	★ 가족 그림 찾기

⬇

학습문제 제시	시를 바꾸어 써봅시다.

⬇

활동	♥ 글로 표현하기 – 다트돌리기, 제비뽑기 ♥ 내가 쓴 시를 다시 읽고, 고칠 점 찾기 ♥ 정리한 내용을 바탕으로 바꾸어 쓰기 ♥ 내가 쓴 시 낭송하기 ♥ 친구들의 시를 듣고, 칭찬하기

⬇

정리	★ 닮은 꼴 찾기

[심화활동] 시 바꾸어 쓰기

♥ 교과서 관련 활동 / ★ 추가 제시 활동

 수업활동

[동기유발] 가족 그림 찾기

활동 목적

닮은 꼴을 찾고 주인공을 식별할 수 있는지 확인한다.

활동 방법

- 전 차시에서 그린 각자의 그림들을 섞어 순서없이 보여주면서 누구의 가족인지 찾아보도록 한다.
- 닮은 꼴을 잘 표현한 학생의 작품을 미리 몇 개 골라 둔다.

준비물 _ 지난 차시에 그렸던 가족 그림

[학습문제 제시]

시를 바꾸어 써봅시다.

[활동 1] 글로 표현하기 – 다트돌리기, 제비뽑기

활동 목적

모습과 습관의 범주를 달리하여 닮은 점을 찾아낼 수 있다.

활동 방법

다트를 돌리거나 제비를 뽑아서 모습 또는 습관 중 1가지에 해당하는 우리 가족과 나의 닮은 꼴을 이야기하고 정리한다.

① 모습과 습관의 개념을 먼저 설명한 뒤 게임을 통해 이해하도록 한다.
② 다트, 제비 만들기
  - 항목 : 머리 모양, 눈, 코, 입, 손 모양, 발가락 길이, 귀, 몸무게, 보조개, 늦잠 자기, 책 보기, 편식하기, 왼손잡이, 오른손잡이, 젓가락질, 글씨체 등
  - 항목을 10가지 내외로 정하여 각 모둠별로 활동할 수 있도록 안내한다.

[활동 2] 내가 쓴 시를 다시 읽고, 고칠 점 찾기

활동 목적

시를 자연스럽고 재미있게 고쳐 쓰는 과정을 통하여 문학 창작의 기본 과정을 이해하고 경험한다.

활동 방법

- 자신이 그렸던 그림에 추가할 내용이나 수정할 내용이 있으면 고쳐 그린 뒤, 시를 고쳐 쓸 수 있도록 안내한다.

− 가족 뿐만 아니라 친척이나 다른 사물을 통하여 닮은 꼴을 찾아보도록 유도한다.

[활동 3] 정리한 내용을 바탕으로 바꾸어 쓰기

정리한 내용을 토대로 시를 우리 가족에 맞게 바꾸어 쓴다.

[활동 4~5] 내가 쓴 시 낭송하기 / 친구들의 시를 듣고, 칭찬하기

활동 목적

시를 낭송하는 방법을 알고 직접 낭송해 본다. 친구들의 시를 듣고 상호평가한다.

활동 방법

− 모둠별로 자신의 시를 낭송하고 친구들의 시를 잘 듣는다. 재미있는 표현인 경우 노란색 스티커를, 낭송의 자세와 방법이 잘된 경우 빨간색 스티커를 준다. 스티커가 많은 친구들의 시를 학급 전체가 들어 본다.

− 시간이 부족할 경우 학급 전체 낭송은 생략해도 좋다. 시 낭송의 시범을 교사 또는 모범 학생을 통하여 보여도 좋다.

[정리] 닮은 꼴 찾기

활동 목적

다양한 방법으로 닮은 꼴을 찾을 수 있는지 확인한다.

활동 방법

① 아이들이 좋아하는 캐릭터를 보고, 우리 반 친구들 중 닮은 꼴이 있는지 찾아 본다.
② 다양한 두 가지 사물을 보고, 어디가 닮았는지 찾아낸다.

 이런 활동도 있어요

[심화활동] 시 바꾸어 쓰기

교과서에 수록된 시가 아닌 다른 시를 바꾸어 써본다.

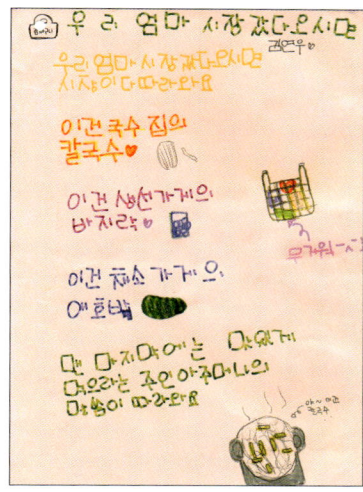

3~4차시 쪽수_ 쓰기 88~92쪽

방귀쟁이

 학습개요

1	시를 읽고, 재미있는 내용이나 표현을 찾아봅시다.
2	시를 바꾸어 써봅시다.
3~4	이야기를 읽고, 재미있는 장면을 글이나 그림으로 표현하여 봅시다.

동기유발	★ 방귀와 관련된 전래동요 살펴보기

⬇

학습문제 제시	이야기를 읽고, 재미있는 장면을 글이나 그림으로 표현하여 봅시다.

⬇

활동	♥ 이야기의 장면을 상상하며 글 읽기 – 다음 장면은 무엇일까요 ♥ 『방귀쟁이』 다시 읽고 물음에 답하기 ♥ 『방귀쟁이』의 내용을 생각하며 재미있는 장면 떠올리기 ♥ 호랑이에게 일어난 일 상상하기 ♥ 호랑이에게 일어난 일 상상하여 쓰기 ♥ 5에서 상상한 내용을 바탕으로 이야기를 꾸미고 발표하기 – 역할극 또는 무언극하기

⬇

정리	★ 상호평가

♥ 교과서 관련 활동 / ★ 추가 제시 활동

 수업활동

[동기유발] 방귀와 관련된 전래동요 살펴보기

본 차시의 제재인 '방귀'와 관련된 전래동요들을 살펴봄으로써 학습에 대한 흥미를 유발한다.

자라야 자라야	뽕나무가 방귀를 뽕	방구 방구 나가신다
자라야 자라야 금 자라야 어떤 놈이 어른 앞에서 방귀를 뿡뿡 뀌었나	뽕나무가 방귀를 뽕 뀌니까 대나무가 데끼놈 하니까 참나무가 참아라 그랬다네	방구 방구 나가신다 대포 방구 나가신다 먹을 것은 없어도 냄새나 맡아라 뿡

깨롱깨롱 놀이노래 (편해문 / 보리)

[학습문제 제시]
이야기를 읽고, 재미있는 장면을 글이나 그림으로 표현하여 봅시다.

[활동 1] 이야기의 장면을 상상하며 글 읽기 – 다음 장면은 무엇일까요

활동 목적

소재와 관련된 그림을 보고 그 장면의 내용을 추측함으로써, 이야기의 장면을 적절하게 상상할 수 있는지 확인한다.

활동 방법

달 안에 토끼 두 마리가 절구를 찧는 모습을 보여주며 왜 토끼가 달에 있을지 짐작해 본다.

부록 _ 57쪽

[활동 2] 『방귀쟁이』 다시 읽고 물음에 답하기

본문을 소리 내어 2번 읽고, 물음에 답하도록 한다.
① 두 방귀쟁이는 어떤 것을 겨루었나요?
② 절구는 어디에 쓰는 물건일까요?
③ 절구가 솟아오른 이유는 무엇인가요?

[활동 3] 『방귀쟁이』의 내용을 생각하며 재미있는 장면 떠올리기

『방귀쟁이』에서 재미있었던 장면을 생각하여 모둠별로 그려보도록 한다. 각 모둠별로 의논하여 가장 재미있었던 장면을 한 장면 골라 밑그림을 1명이 그리고 모둠원 숫자대로 그림을 나누어 색칠해 본다. 활동시간을 고려하여 도화지를 반 나누어 16절지에 제공하거나, 색 A4용지를 활용한다.

[활동 4] 호랑이에게 일어난 일 상상하기
① 첫 번째 그림에서 방귀쟁이들은 무엇을 하고 있나요?
② 호랑이에게 어떤 일이 일어났나요?
③ 호랑이가 하늘로 솟은 뒤 어떻게 되었을까요?

[활동 5] 호랑이에게 일어난 일 상상하여 쓰기
- 호랑이에게 일어난 일을 상상하여 간단히 써 본다.

[활동 6] 5에서 상상한 내용을 바탕으로 이야기를 꾸미고 발표하기
       - 역할극 또는 무언극하기

준비물 _ 이름표, 복장

활동 목적

상상한 내용을 이야기로 꾸민 뒤 직접 연기해 보는 과정을 통하여 나의 창작물에 애착심을 가지고 문학 창작과 향유의 기쁨을 느낀다.

활동 방법

- 상상한 내용을 바탕으로 꾸민 이야기에서 주요 내용을 대본으로 수정하여, 모둠별로 역할극을 하거나 대사를 행동으로 표현하는 무언극을 한다.
- 아동들의 흥미를 유발할 수 있는 소품(이름표, 복장 등)이나 가면을 미리 준비한다.

[정리] 상호평가

활동 목적

서로 칭찬과 조언을 주고받는 기회를 준다.

활동 방법

- 역할극과 무언극을 한 모둠에게 잘한 경우, 이야기 스티커와 연기 스티커를 각각 붙여준다.
- 모둠별로 모둠판이 있으면 활용하거나, 간단히 표로 모둠 스티커를 붙일 공간을 만든다.

 참고자료

[이야기를 읽고 이런 활동도 할 수 있어요]
- 이야기 제목 바꾸기
- 퀴즈 만들기
    (○× 퀴즈, 릴레이 퀴즈, 스피드 퀴즈, 두루마리 퀴즈, 스무고개, 주사위놀이)
- 노래 가사 바꾸기
- 역할극하기
- 등장인물이 되어 유언 남기기
- '내가 만일 ～라면' 되어보기
- 인물의 자서전 쓰기
- 인물에게 상장주기
- 책 표지 그리기
- 책 광고 만들기
- 등장인물에게 편지 쓰기
- 이어질 내용 상상하기
- 등장인물 그리기
- 기억에 남는 장면 그리기
- 등장인물에게 별명 붙여주기
- 등장인물에게 주고 싶은 선물
- 배역 나누어 인터뷰하기

1학년 | 부록
학습 활동지

듣기·말하기 _ [1-1] 4단원 1차시

사윗감을 찾아 나선 두더지

(   )초등학교 1학년 (   )반 (   )번 (   )입니다.

듣기·말하기 _ [1-1] 4단원 1차시

사윗감을 찾아 나선 두더지

(   )초등학교 1학년 (   )반 (   )번 (   )입니다.

나에게 쓰는 칭찬카드

짝에게 쓰는 칭찬카드

듣기 · 말하기 _ [1-1] 4단원 3~4차시

재주꾼 오형제

(   )초등학교 1학년 (   )반 (   )번 (   )입니다.

1. 『재주꾼 오형제』의 등장인물들이 한 말을 쓰고 말을 할 때의 얼굴 표정을 그려 봅시다. (등장인물 중에 2명을 선택하여 활동해 보세요.)

누구?	무슨 말을 했어?	표정이 어때? (생김새 그리기)
○		
○		

※ 모둠원 모두 개인 활동을 다 했으면 돌아가며 말하기를 합니다.

2. 잘 공부했는지 살펴 봅시다.

평가 내용	친구 이름	벌점
• 등장인물이 한 말을 잘 정리했나요?		☆ ☆ ☆
• 인물이 한 일을 떠올려 표정을 그렸나요?		☆ ☆ ☆
• 모둠원에게 말할 때 잘 들리게 말하였나요?		☆ ☆ ☆

읽기 _ [1-1] 4단원 1차시

재미있는 글짓기

(   )초등학교 1학년 (   )반 (   )번 (   )입니다.

1. 「구슬비」의 재미있는 표현을 사용하여 새로운 글을 지어 봅시다.

송알송알	땀방울이 송알송알
조롱조롱	조롱조롱 조롱박
대롱대롱	
총총	
송송송	
고이고이	
포슬포슬	

2. 내가 지은 글을 스스로 평가하여 봅시다.

3. 짝과 바꾸어 읽어 보고 서로 평가하여 봅시다.

(매우 잘함: 5개/ 잘함: 4개/ 보통: 3개/ 부족함: 2개/ 매우 부족함: 1개 색칠)

읽기 _ [1-1] 4단원 1차시

재미있는 글짓기

(   )초등학교 1학년 (   )반 (   )번 (   )입니다.

★ (   )안에 들어갈 알맞은 말을 〈 보기 〉에서 골라 쓰세요.

〈 보기 〉

꽥꽥, 찍찍, 어흥, 펄쩍펄쩍, 힘차게, 쿨쿨, 곤하게,
왁자지껄, 사각사각, 쌩쌩, 타다닥, 엉금엉금, 아장아장

	쥐가 ( ) 소리를 냅니다.
	아기가 ( ) 기어 옵니다.
	강아지가 ( ) 자고 있습니다.
	자전거가 ( ) 달립니다.

읽기 _ [1-1] 4단원 2~3차시

시를 재미있게 바꾸어 써보기

(   )초등학교 1학년 (   )반 (   )번 (   )입니다.

★ 「아기의 대답」에서 아기를 엄마나 아빠 혹은 친구의 이름으로 바꾸어 빈칸을 채워 봅시다.

□□의 대답

□□하고 부르면
□부터 □□□□
대답하지요.

□□ 부르면
□부터 □□□□
대답하지요.

아기의 대답 (박목월)

읽기 _ [1-1] 4단원 2~3차시

재미있는 시 공부(1)

( )초등학교 1학년 ( )반 ( )번 ( )입니다.

★ (가)와 (나) 시를 잘 읽어 보고 아래의 물음에 답하세요.

(가) 봄눈

새싹 돋는날
봄눈 내렸다.

몰래 내리려다
밭고랑에 빠졌다.

(나) 봄눈

파릇파릇 새싹 돋는날
봄눈 내렸다.

몰래몰래 내리려다
밭고랑에 빠졌다.

1. (가)와 (나)의 시를 읽어 봅시다.

2. (가)와 (나)시의 느낌을 써봅시다.

(가)	(나)

3. (가)와 (나)의 느낌을 다르게 하는 재미있는 말은 무엇인가요?

봄눈 (『너를 만나고 싶다』수록 / 제해만 / 미리내출판사)

읽기 _ [1-1] 4단원 2~3차시

재미있는 시 공부(2)

( )초등학교 1학년 ( )반 ( )번 ( )입니다.

★ 보슬비가 내리는 모습과 소리를 생각하며 반복되는 말을 빈칸에 써봅시다.

빗방울

빗방울이 개나리 울타리에
□□□□ 떨어진다.
빗방울이 어린 모과나무 가지에
□□□□ 떨어진다.
빗방울이 무성한 수국 잎에
□□□□ 떨어진다.
빗방울이 잔디밭에
□□□□ 떨어진다.
빗방울이 현관 앞 강아지 머리에
□□□□ 떨어진다.

1. 빈칸에 반복되는 말을 잘 넣었는지 스스로 평가하여 봅시다.

2. 짝과 바꾸어 읽어 보고 서로 평가하여 봅시다.

(매우 잘함: 5개/ 잘함: 4개/ 보통: 3개/ 부족함: 2개/ 매우 부족함: 1개 색칠)

빗방울 『두두』수록 / 오규원 / 문학과지성사

읽기 _ [1-1] 4단원 2~3차시

시를 읽으며 재미있는 말 찾기

( )초등학교 1학년 ( )반 ( )번 ( )입니다.

1. 다음 시를 읽고 재미있는 말에 동그라미를 해봅시다.

느릿느릿 느림보

(박목월)

옛날 옛날 옛날에
느림보가 있었다
느릿느릿 느림보
느릿느릿 느림보

아버지 심부름도 느릿느릿
어머니 심부름도 느릿느릿
하두하두 늘려서

어머니도 아버지도
"소나 되거라" 하셨다
"소나 되거라" 하셨다

하루 아침 느림보
늦게 일어나 보니
아마 저 쪽에 뿔 한 개
이마 저 쪽에 뿔 한 개

느림보 느림보는
소가 되었다
느릿느릿 느림보
느릿느릿 느림보

2. 시를 읽고 느낀 점을 이야기하여 봅시다.

_____

_____

읽기 _ [1-1] 4단원 2~3차시

반복되는 말을 이용하여 시 짓기

(　　　)초등학교 1학년 (　　)반 (　　)번 (　　　　)입니다.

★ 반복되는 말을 이용하여 재미있는 시를 지어 보고, 시에 어울리는 그림도 그려 봅시다.

읽기 _ [1-1] 4단원 4차시

글과 그림을 관련지으며
그림 동화 읽기

(　　　)초등학교 1학년 (　　)반 (　　)번 (　　　　)입니다.

★ 『괜찮아』를 읽고, 글과 그림을 관련지어 봅시다.

1. 『괜찮아』의 그림 부분만 살펴 봅시다.

그림만 보고 이야기의 내용을 잘 알 수 있나요?
아이, 개미, 애벌레가 어떤 말을 할지 생각해 보세요.

그림만 보고 이야기의 내용을 잘 알 수 있나요?
아이, 고슴도치, 사자가 어떤 말을 할지 생각해 보세요.

괜찮아 (최숙희 / 웅진주니어)

읽기 _ [1-1] 4단원 4차시

2. 『괜찮아』의 글 부분만 읽어 봅시다.

개미는 작아.	괜찮아! 영차영차 나는 힘이 세.
개미가 얼마나 작은지 잘 알 수 있나요?	개미가 얼마나 힘이 센지 잘 알 수 있나요?
고슴도치는 가시가 많아.	괜찮아! 뾰족뾰족 나는 무섭지 않아.
고슴도치의 가시가 어떻게 생겼는지 알 수 있나요?	고슴도치가 무엇이 무섭지 않은지 알 수 있나요?

3. 교과서 66~67쪽의 『괜찮아』를 친구들과 함께 소리 내어 읽어 봅시다. 그리고 글과 그림이 서로 어떻게 관련되는지 생각하여 봅시다.

★ _____

★ _____

괜찮아 (최숙희 / 웅진주니어)

읽기 _ [1-1] 4단원 5~6차시

내가 그림 동화 작가라면

(   )초등학교 1학년 (   )반 (   )번 (   )입니다.

★ 글과 그림이 나타내는 뜻을 생각하며 그림 동화를 완성하여 봅시다.

1. 『괜찮아』에 등장하는 뱀과 기린이 어떤 말을 하였을지 생각하여 봅시다. 그리고 그림 동화의 작가가 되어 그림에 어울리는 글을 써봅시다.

아이가 뱀에게 어떤 말을 하였을까요?

뱀은 무엇이 괜찮다고 하였을까요?

아이가 기린에게 어떤 말을 하였을까요?

기린은 무엇이 괜찮다고 하였을까요?

2. 잘 공부했는지 알아봅시다.

글과 그림 관련지으며 그림 동화 읽기	나의 점수
글과 그림을 관련지으며 그림 동화를 재미있게 읽었나요?	☆ ☆ ☆
글과 그림이 나타내는 뜻을 잘 이해하였나요?	☆ ☆ ☆
그림에 어울리는 글을 생각하고 말할 수 있나요?	☆ ☆ ☆

괜찮아 (최숙희 / 웅진주니어)

읽기 _ [1-1] 4단원 5~6차시

그림 동화 읽기 1
〈나도 나도〉

흉내 내는 말 떠올리기

(   )초등학교 1학년 (   )반 (   )번 (   )입니다.

★ 『나도 나도』를 읽고, 그림 속 동물에 어울리는 흉내 내는 말을 떠올려 봅시다.

1. 글과 그림을 보고, 동물의 소리나 몸짓을 흉내 내는 말을 찾아 보세요.

 얼룩말이 따각따각 달려요.

2. 등장인물의 소리나 몸짓에 어울리는 흉내 내는 말을 보기에서 찾아 써봅시다.

보 기

| 포올짝 | 끙끙 | 데구르르 | 깔깔 | 오물오물 | 싹싹싹 |

 판다가 (   ) 굴러요.

 토끼가 (   ) 먹어요.

 원숭이가 (   ) 웃어요.

 고양이가 (   ) 씻어요.

3. 그림 동화 속 아이가 되어, 친구들과 함께 동물들의 소리나 몸짓을 흉내 내어 보세요.

읽기 _ [1-1] 4단원 5~6차시

그림 동화 읽기 2
〈누구 그림자일까?〉

그림자 수수께끼 만들기

(   )초등학교 1학년 (   )반 (   )번 (   )입니다.

★ 『누구 그림자일까?』를 읽고, 그림자의 주인공을 상상해 봅시다.

1. 누구의 그림자인지 〈보기〉에서 찾아 빈 칸에 적어 주세요.

보 기

박쥐   뱀   불독   곰   고슴도치   문어   불가사리   공작새

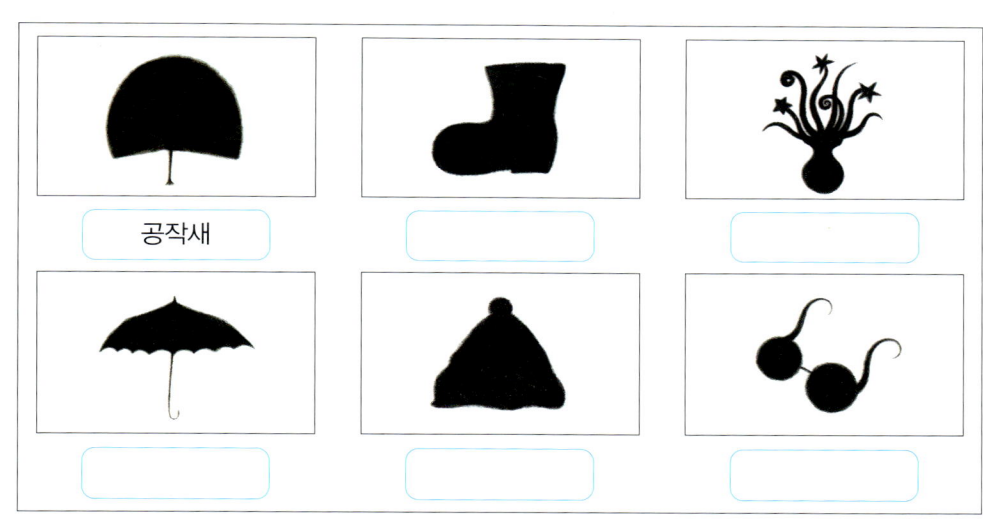

2. 그림자의 주인공을 모두 잘 찾아보았나요? 그런데 털모자 모양 그림자의 주인공이 바뀌었다고 해요. 털모자 속에 숨어 있는 그림자의 주인공을 여러분이 상상한대로 바꿔서 그려 주세요.

듣기·말하기 _ [1-1] 6단원 1차시

동시 속 흉내 내는 말 찾기

(   )초등학교 1학년 (   )반 (   )번 (   )입니다.

★ 다음 동시 속에서 흉내 내는 말을 찾을 찾아서 ○로 표시하고, 흉내 내는 말을 생각하며 친구에게 낭송해주세요.

엿장수 똥구멍

엿장수 똥구멍은 찐득진득
참기름 장수 똥구멍은 매끈매끈
두부 장수 똥구멍은 뭉실뭉실
소금 장수 똥구멍은 짭짤짭짤
옹기 장수 똥구멍은 반질반질

여름 냇가

시냇물은 졸졸졸
고기들은 왔다갔다
버들가지 한들한들
꾀꼬리는 꾀꼴꾀꼴.

달걀

갓 낳은 달걀
달걀이 그처럼 예쁜 걸
처음 알았다.
아주 동그랗지도 않고
기름하지도 않고
위 아래가 똑같이 둥그렇지도 않고

맨질맨질 얄밉지도 않고
꺼칠꺼칠 껄끄럽지도 않고
가슬가슬, 오롤오롤
달걀 껍질로 딱 알맞다.

개구쟁이 산복이

이마에 땀방울 송알송알
손에는 땟국이 반질반질
맨발에 흙먼지 얼룩덜룩
봄볕에 그을려 가무잡잡
멍멍이가 보고 엉아야 하겠네
까마귀가 보고 아찌야 하겠네

엿장수 똥구멍 (동무동무 씨동무 / 편해문 / 창비), 달걀 (학교 갈 때 외우는 예쁜 동시 / 한국동시문학회 / 대교출판)
여름 냇가 (우리나라 전래동요 동시 / 김원석 / 파랑새어린이), 개구쟁이 산복이 (가득가득 한가득 / 이문구 / 랜덤하우스)

듣기·말하기 _ [1-1] 6단원 1차시

흉내 내는 말 찾기 놀이 낱말카드

(   )초등학교 1학년 (   )반 (   )번 (   )입니다.

★ 오려서 사용하세요.

흉내 내는 말 낱말카드

재잘재잘	비틀비틀	꼬르륵
삐뽀삐뽀	꿀꿀꿀	하하하
오물오물	싱글벙글	쨍그랑

흉내 내는 말 설명지

친구랑 얘기하는 모습 (재잘재잘)	똑바로 걷지 못하고 흔들거리는 모습 (비틀비틀)	배가 고플때 나는 소리 (꼬르륵)
구급차가 지나갈 때 나는 소리 (삐뽀삐뽀)	돼지가 내는 소리 (꿀꿀꿀)	큰 웃음 소리 (하하하)
음식물을 입에 넣고 씹는 모양 (오물오물)	친구가 웃는 모양 (싱글벙글)	접시가 깨지는 소리 (쨍그랑)

듣기 · 말하기 _ [1-1] 6단원 2차시

흉내 내는 말 색칠하기

(   )초등학교 1학년 (   )반 (   )번 (   )입니다.

★ 소리를 흉내 낸 말은 노란색, 모습이나 움직임을 흉내 낸 말을 빨간색으로 색칠해 보세요.

듣기·말하기 _ [1-1] 6단원 2차시

그림 완성하기

(　　　)초등학교 1학년 (　　)반 (　　)번 (　　　　)입니다.

★ (　　)안의 설명을 읽고, 설명에 알맞은 흉내 내는 말을 찾아 연결해보세요.

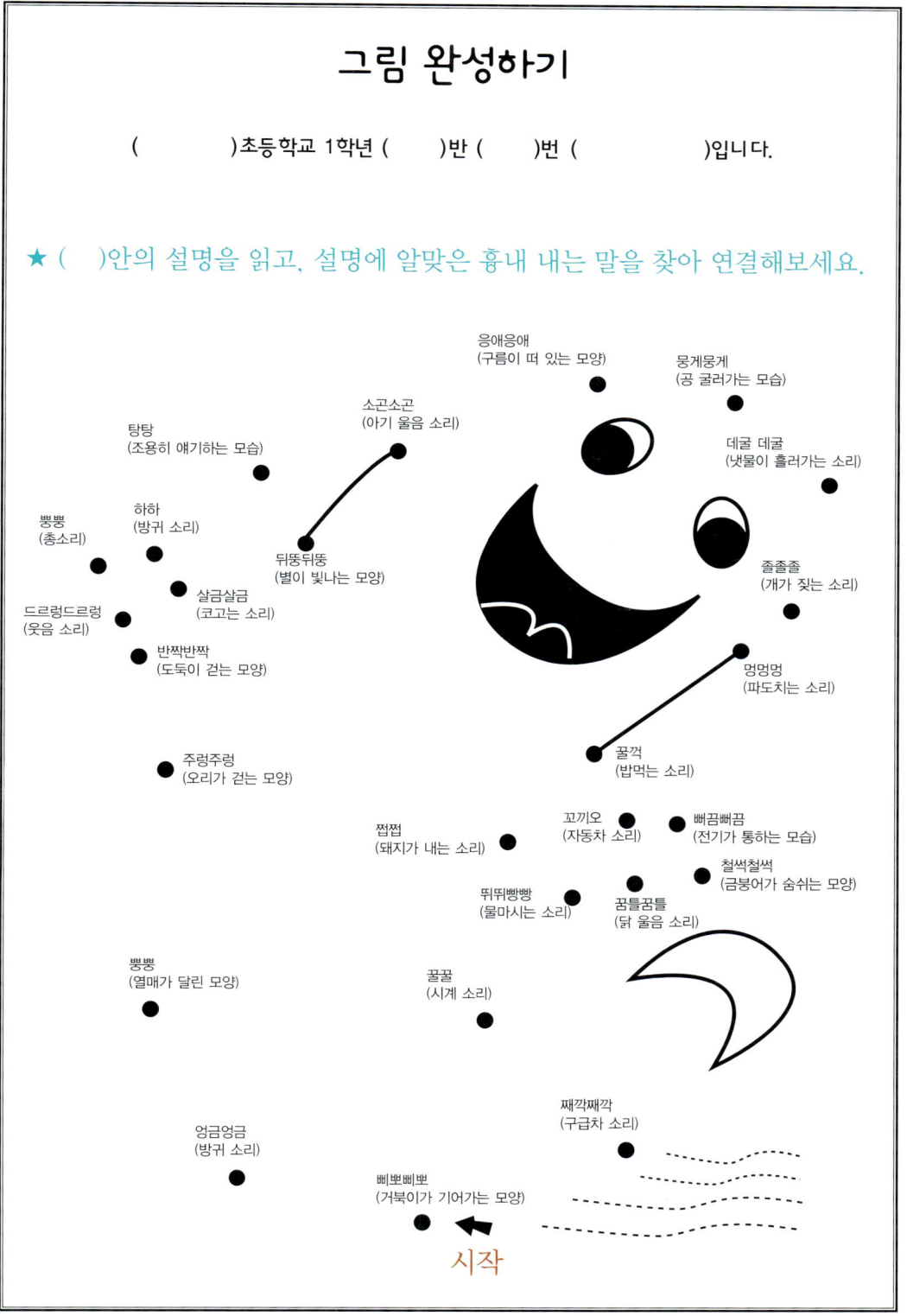

듣기·말하기 _ [1-1] 6단원 2차시

친구의 흉내 내기를 보면서~

(　　　)초등학교 1학년 (　　)반 (　　)번 (　　　　)입니다.

★ 친구들의 동물 모습이나 소리 흉내 내기를 보면서 정리해 봅시다. 흉내 낸 모둠의 이름을 쓰고, 질문에 대하여 ◎, ○, △ 중 골라서 답해 봅시다.

흉내 낸 모둠	연못가 동물들의 모습이나 움직임에 어울리게 흉내 내었나요?	연못가 동물들의 소리에 알맞게 흉내 내었나요?	연못가 동물들 흉내 내기에 즐겁게 참여하였나요?
예) 은수모둠	△	○	○

(참잘해요 ◎, 잘해요 ○, 보통이에요 △)

듣기 · 말하기 _ [1-1] 6단원 3차시

저는 1학년 (　)반 (　)번 (　　　)입니다. 선생님 저는 이렇게 바꿀래요~!! 　주렁주렁　→ [　　　　] 　톡톡　　　→ [　　　　　] ※ 다 적은 사람은 쪽지를 두 번 접어주는 센스!!	저는 1학년 (　)반 (　)번 (　　　)입니다. 선생님 저는 이렇게 바꿀래요~!! 　주렁주렁　→ [　　　　] 　톡톡　　　→ [　　　　　] ※ 다 적은 사람은 쪽지를 두 번 접어주는 센스!!
저는 1학년 (　)반 (　)번 (　　　)입니다. 선생님 저는 이렇게 바꿀래요~!! 　주렁주렁　→ [　　　　] 　톡톡　　　→ [　　　　　] ※ 다 적은 사람은 쪽지를 두 번 접어주는 센스!!	저는 1학년 (　)반 (　)번 (　　　)입니다. 선생님 저는 이렇게 바꿀래요~!! 　주렁주렁　→ [　　　　] 　톡톡　　　→ [　　　　　] ※ 다 적은 사람은 쪽지를 두 번 접어주는 센스!!
저는 1학년 (　)반 (　)번 (　　　)입니다. 선생님 저는 이렇게 바꿀래요~!! 　주렁주렁　→ [　　　　] 　톡톡　　　→ [　　　　　] ※ 다 적은 사람은 쪽지를 두 번 접어주는 센스!!	저는 1학년 (　)반 (　)번 (　　　)입니다. 선생님 저는 이렇게 바꿀래요~!! 　주렁주렁　→ [　　　　] 　톡톡　　　→ [　　　　　] ※ 다 적은 사람은 쪽지를 두 번 접어주는 센스!!
저는 1학년 (　)반 (　)번 (　　　)입니다. 선생님 저는 이렇게 바꿀래요~!! 　주렁주렁　→ [　　　　] 　톡톡　　　→ [　　　　　] ※ 다 적은 사람은 쪽지를 두 번 접어주는 센스!!	저는 1학년 (　)반 (　)번 (　　　)입니다. 선생님 저는 이렇게 바꿀래요~!! 　주렁주렁　→ [　　　　] 　톡톡　　　→ [　　　　　] ※ 다 적은 사람은 쪽지를 두 번 접어주는 센스!!

듣기 · 말하기 _   [1-1] 6단원 3차시

선생님 저는 이렇게 바꿀래요~!!

(   )초등학교 1학년 (   )반 (   )번 (   )입니다.

★ 다음 동시를 읽고 흉내 내는 말을 다른 말로 바꿔봅시다.

나무노래

나무 나무 무슨 나무
십 리 절반 오리나무
불 밝혀라 등나무
푸르러도 단풍나무
간다 보니 가닥나무
오다보니 오동나무
죽어도 살구나무
따끔따끔 가시나무
갓난아이 자작나무

➡

나무노래

나무 나무 무슨 나무
십 리 절반 오리나무
불 밝혀라 등나무
푸르러도 단풍나무
간다 보니 가닥나무
오다보니 오동나무
죽어도 살구나무
(   ) (   )나무
갓난아이 자작나무

눈 온 날

송이송이 함박눈
소복소복 장독대
오목오목 발자국
두런두런 말소리
조용조용 새소리
둥글둥글 눈사람

➡

눈 온 날

송이송이 함박눈
소복소복 장독대
오목오목 발자국
(   ) 말소리
조용조용 새소리
(   ) (   )

나무노래 (우리나라 전래동요 동시 / 김원석 / 파랑새어린이), 눈 온 날 (가득가득 한가득 / 이문구 / 랜덤하우스)

듣기 · 말하기 _ [1-1] 6단원 4차시

친구의 노래를 들으며~

(   )초등학교 1학년 (   )반 (   )번 (   )입니다.

★ 친구들의 노래를 들으며 정리해 봅시다. 노래를 부른 모둠의 이름을 쓰고, 질문에 대하여 ◎, ○, △ 중 골라서 답해 봅시다.

낭송한 모둠	큰소리로 또박또박 잘 불렀나요?	흉내 내는 말이 잘 어울렸나요?	친구들이 큰 동작으로 율동을 했나요?
예) 꽃모둠	△	◎	○

(참잘해요 ◎, 잘해요 ○, 보통이에요 △)

읽기 _ [1-1] 6단원 1차시

이야기 카드 만들기

읽기 _ [1-1] 6단원 4차시

꾀를 내어서

( )초등학교 1학년 ( )반 ( )번 ( )입니다.

★ 우리 친구들이 떡을 먹을 수 있도록 도와주세요!

친구들	떡을 먹을 수 있는 방법
항상 다리를 긁는 다리긁적이	"아, 글쎄. 내가 그 사슴을 봤는데, 커다란 점이 오른쪽 다리에 있더라구." 하며 다리를 긁었습니다.
항상 발가락을 꼼지락거리는 발꼼지락이	
항상 눈꼽을 떼는 눈꼽쟁이	
항상 코를 후비는 코후비개	
항상 머리를 꼬는 머리꼬개	
항상 눈을 깜박이는 눈깜박이	
항상 귀를 파는 귀파개	

떡시루 잡기

호랑이 가면

두꺼비 가면

쓰기 _ [1-1] 6단원 1차시

재미있어요!

(   )초등학교 1학년 (   )반 (   )번 (   )입니다.

★ 다음 이야기를 읽고, 재미있는 말에 색칠해 봅시다.

부부싸움

엄마와 아빠가 말다툼을 하는데
엄마 말소리는 박격포가 되어
아빠 머리를
쑥밭으로 만들어 놓고

화가 난 아빠 말소리는
원자폭탄이 되어
엄마를 폭삭 무너지게 하는데

엄마는 하늘이 무너져도
솟아날 구멍이 있다는 듯
반격하다가
두분 다 지쳐 사과를 한다.

부부싸움 (시를 쓰는 아이 / 배지훈 / 명상출판사)

쓰기 _ [1-1] 6단원 1차시

뭐라고 썼을까?

(   )초등학교 1학년 (   )반 (   )번 (   )입니다.

★ 다음 이야기를 읽고, 글쓴이가 뭐라고 썼을지 맞추어 봅시다.

엄마 발바닥

뒤꿈치가 갈라져 (   )

아빠 발바닥

딱딱하면서 기름진 (   )

내 발바닥

윤기돌고 촉촉한 (   )

난 꽃게와 새우를 좋아하니까

(   ) (   )이고,

누난 고기를 좋아하니까

(   )야.

우리 식구 발바닥 (시를 쓰는 아이 / 배지훈 / 명상출판사), 김꽃게 (튀겨질 뻔 했어요 / 김지완 / 고슴도치)

쓰기 _ [1-1] 6단원 1차시

내가 좋아하는 것은?

(　　　)초등학교 1학년 (　　)반 (　　)번 (　　　　)입니다.

★ 질문에 답해보세요. 보기와 같이 빈 칸을 채우면 됩니다.

| 보기 | 지금 가장 생각나는 사람은 누구인가요?
➜ (돼지)처럼 (배가 볼록)한 (우리 삼촌) |

1. 지금 가장 보고 싶은 사람은 누구인가요?
➜ (　　　)처럼 (　　　　)한 (　　　　)

2. 지금 가장 맡고 싶은 꽃향기는 어떠한가요?
➜ (　　　)처럼 (　　　　)한 (　　　　)

3. 지금 가장 먹고 싶은 음식은 무엇인가요?
➜ (　　　)처럼 (　　　　)한 (　　　　)

4. 지금 가장 듣고 싶은 노래는 어떤 곡인가요?
➜ (　　　)처럼 (　　　　)한 (　　　　)

5. 지금 가장 만지고 싶은 동물은 무엇인가요?
➜ (　　　)처럼 (　　　　)한 (　　　　)

쓰기 _ [1-1] 6단원 1차시

숨은 그림 찾기

( )초등학교 1학년 ( )반 ( )번 ( )입니다.

★ 보기에서 재미있는 말을 찾아 그 번호에 색칠해 봅시다. 잘 찾으면 숨은 그림이 나타납니다.

보 기

① 호박꽃　　② 바다 같은 엄마 마음　　③ 딸기 같은 입술
④ 눈처럼 하얗다　　⑤ 창문이 깨끗하다　　⑥ 시험

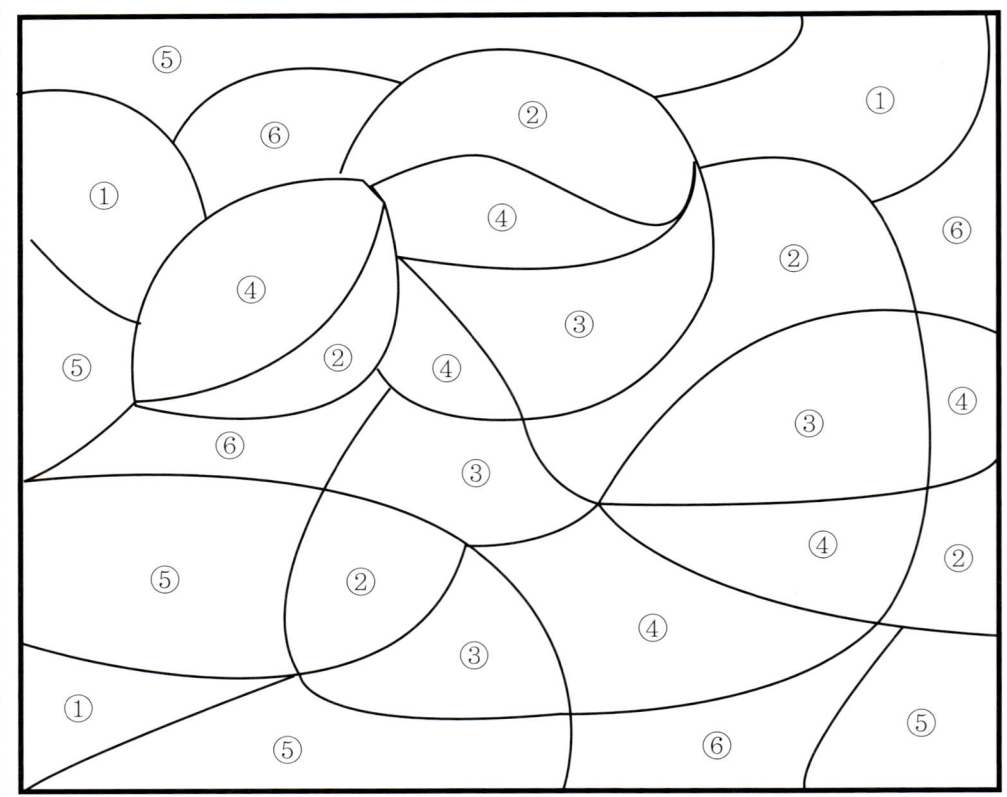

▶ 어떤 그림이 나왔나요?

쓰기 _ [1-1] 6단원 1차시

제목이 뭐게?

(   )초등학교 1학년 (   )반 (   )번 (   )입니다.

★ 다음 이야기를 읽고, 제목이 무엇일지 맞추어 봅시다.

(   )

구름이 하늘에서 재주를 부립니다.

"어머니, 저것봐요. 구름이 흰곰 같애."

바람이 가만가만 구름을 떠밉니다.

"어머니, 저것봐요. 구름이 강물 같애."

햇볕이 따스하게 마루를 비칩니다.

일하는 엄마 손을 아기는 흔듭니다.

구름 (황원영 학생 작품)

쓰기 _ [1-1] 6단원 2차시

숨은 그림 찾기

(   )초등학교 1학년 (   )반 (   )번 (   )입니다.

★ 수박은 어떻게 생겼나요? 수박 그림에 색칠해 봅시다.

1. 수박 속은 무슨 색인가요?

(   )

2. 수박씨는 무슨 색인가요?

(   )

쓰기 _ [1-1] 6단원 2차시

친구의 입

(　　　)초등학교 1학년 (　　)반 (　　)번 (　　　　)입니다.

★ 우리 모둠에서 정한 친구의 입 모양과 입 안을 그려 봅시다.

입 모양

- 관찰한 사람 : _____
- 무엇을 닮았나요? : _____
- 그 까닭은 무엇인가요? :
  _____

목구멍

- 관찰한 사람 : _____
- 무엇을 닮았나요? : _____
- 그 까닭은 무엇인가요? :
  _____

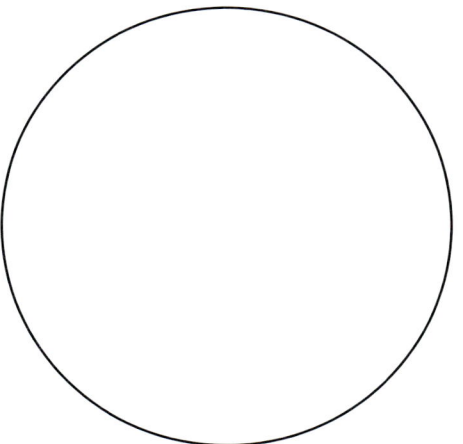

혀

- 관찰한 사람 : _____
- 무엇을 닮았나요? : _____
- 그 까닭은 무엇인가요? :
  _____

입 안

- 관찰한 사람 : _____
- 무엇을 닮았나요? : _____
- 그 까닭은 무엇인가요? :
  _____

이

- 관찰한 사람 : _____
- 무엇을 닮았나요? : _____
- 그 까닭은 무엇인가요? :
  _____

쓰기 _ [1-1] 6단원 2차시

친구의 낭송을 들으며~

(   )초등학교 1학년 (   )반 (   )번 (   )입니다.

★ 친구들의 시 낭송을 들으며 정리해 봅시다. 낭송한 모둠의 이름을 쓰고, 질문에 대하여 ◎, ○, △ 중 골라서 답해봅시다.

낭송한 모둠	닮은 사물을 잘 찾았나요?	그림을 재미있게 그렸나요?	큰 소리로 또박또박 말했나요?

(참잘해요 ◎, 잘해요 ○, 보통이에요 △)

쓰기 _ [1-1] 6단원 3~4차시

'우리 가족의 방귀' 별명 짓기

(   )초등학교 1학년 (   )반 (   )번 (   )입니다.

★ 우리 가족의 방귀에는 어떤 별명을 지을 수 있을까요? 아래의 낱말밭 카드를 참고하여 우리 가족의 방귀에 별명을 지어 봅시다.

바람	뱃고동	기차
타이어	사자	자동차 '빵빵' 소리
스컹크	호루라기	깜찍이
권총	도둑	폭포
비행기	대포	? 또 어떤 것이 있을까요?

쓰기 _ [1-1] 6단원 3~4차시

내가 짓는 시

(   )초등학교 1학년 (   )반 (   )번 (   )입니다.

★ '우리 가족의 방귀'를 시로 써봅시다.

쓰기 _ [1-1] 6단원 3~4차시

내 느낌?

(　　　)초등학교 1학년 (　　)반 (　　)번 (　　　　)입니다.

소풍 전날 밤

서재환

저녁밥 반만 먹고
밤하늘을 쳐다보고

뉴스 시간 아닌데도
텔레비전 틀어 보고

날샜나
자다 깨 보니
한밤중 별만 총총.

빠진 것 혹시 없나
배낭 다시 열어 보고

늦잠 잘까 두려워서
탁상시계 맞춰 놓고

꿈속에
미리 간 소풍
알밤 주워 옵니다.

소풍가기 전날 나는 어떤 느낌이 드나요?

알림장 쓸 때	
소풍가방 챙길 때	
일기예보를 볼 때	
잠들기 전에	

쓰기 _ [1-1] 6단원 3~4차시

내 느낌?

(   )초등학교 1학년 (   )반 (   )번 (   )입니다.

★ 앞에서 적은 내 느낌을 바탕으로 「소풍 전날 밤」이라는 시를 새로 써봅시다.

소풍 전날 밤

(   )

듣기 · 말하기 _ [1-2] 1단원 1차시

신데렐라 그림자료

(   )초등학교 1학년 (   )반 (   )번 (   )입니다.

★ [활동 1]의 자료로 활용하세요.

신데렐라 (오지현 옮김 / 예림당)

듣기·말하기 _ [1-2] 1단원 2차시

숨은 '차례를 나타내는 말' 찾기

(   )초등학교 1학년 (   )반 (   )번 (   )입니다.

★ 차례를 나타내는 말이 숨어 있어요. 여기저기 잘 숨어있는 차례를 나타내는 말을 찾아 ○해 보세요.

처	아	침	안	나
난	음	그	진	가
사	만	에	래	을
다	음	날	저	서
그	리	고	녁	기

듣기·말하기 _ [1-2] 1단원 3~4차시

펄럭펄럭책 제작 자료

(   )초등학교 1학년 (   )반 (   )번 (   )입니다.

봄	여름	봄	여름
가을	겨울	가을	겨울

두고 보자!
커다란 나무

말의 느낌을 살려 읽어요	친구 이름
일이 일어난 차례에 따라 이야기하였나요?	
일이 일어난 차례를 나타내는 말을 바르게 사용하여 이야기하였나요?	
분명하고 알맞은 목소리로 이야기했나요?	

듣기·말하기 _ [1-2] 1단원 3~4차시

달팽이북 제작자료

(   )초등학교 1학년 (   )반 (   )번 (   )입니다.

줄줄이 꿴 호랑이

말의 느낌을 살려 읽어요	친구 이름
일이 일어난 차례에 따라 이야기하였나요?	
일이 일어난 차례를 나타내는 말을 바르게 사용하여 이야기하였나요?	
분명하고 알맞은 목소리로 이야기했나요?	

읽기 _ [1-2] 1단원 4차시

고양이는 나만 따라해

	초등학교
학년	반
이름 :	

1. 『고양이는 나만 따라해』에 나오는 주인공이 되어 그림일기를 써봅시다.

　　　　년　　월　　일　　요일　　　　날씨

제목 :

읽기 _ [1-2] 1단원 5~6차시

고양이는 나만 따라해

초등학교
학년   반
이름 :

1. 『고양이는 나만 따라해』를 읽고 시를 지어 봅시다.

읽기 _ [1-2] 7단원 1차시

읽기 _ [1-2] 7단원 1차시

심화활동 - 내가 최고야!

오늘은 우리 집 김장 하는 날

초등학교
학년   반
이름 :

★ 김장을 담글 때 필요한 재료가 되어 내가 최고야 글을 완성해 보세요.
  그림칸에는 재료의 생김새와 자랑하면서 지었을 표정을 생각하며 눈, 코, 입도 그려 넣어보세요.

재 료	그 림	김장이 끝난 후 어두워진 거실에서 김장 재료들이 자랑을 시작하네요. 서로 자기가 최고라고 자랑하는 글을 써보세요.
무		
배 추		
마 늘		
파		

읽기 _ [1-2] 7단원 2~3차시

시를 읽고 재미있는 장면 떠올리며 제목 맞추기

( )초등학교 1학년 ( )반 ( )번 ( )입니다.

★ 아래의 시 세 편을 읽고 재미있는 장면을 떠올려 보세요. 그리고 시인이 어떤 제목을 지었을지 생각해 보고 제목을 맞춰보세요.

윤동주	윤동주	윤동주

빨랫줄에 걸어 논
요에다 그린 지도
지난밤에 내 동생
오줌 싸 그린 지도

꿈에 가 본 엄마 계신
별나라 지돈가?
돈 벌러 간 아빠 계신
만주 땅 지돈가?

넣을 것 없어
걱정이던
호주머니는

겨울만 되면
주먹 두 개
갑북갑북

귀뚜라미와 나와
잔디밭에서 이야기했다.

귀뚤귀뚤
귀뚤귀뚤

아무에게도 가르쳐 주지 말고
우리 둘만 알자고 약속했다.

귀뚤귀뚤
귀뚤귀뚤

귀뚜라미와 나와
달 밝은 밤에 이야기했다

1. 세 편의 시 중 가장 재미있는 시는 무엇인가요? ( )

2. 그 이유는 무엇인가요? ( )

오줌싸개 지도 / 호주머니 / 귀뚜라미와 나

읽기 _ [1-2] 7단원 4차시

재미있는 내용 찾기

(   )초등학교 1학년 (   )반 (   )번 (   )입니다.

★ 다음 이야기를 읽고, 재미있는 내용에 밑줄을 그어 봅시다.

꼭꼭씹어꿀꺽 마을에는 먹을 것을 파는 가게가 없었단다. 필요한 음식은 모두 하늘에서 떨어졌거든. 이 마을의 날씨는 아주 특별했어. 아침, 점심, 저녁 이렇게 하루 세 번 하늘에서 음식이 내렸지. 사람들은 하늘에서 떨어지는 대로 먹으면 되었어.

어느 날 점심엔 노릇노릇 구워 빵 사이에 끼운 소시지 바람이 북서쪽에서부터 불어왔어. 주위엔 겨자 소스 구름이 동동 떠 있었지. 동풍으로 바뀌자 이번엔 구운 콩이 날아 들어왔고… 식사의 마지막은 주룩주룩 내리는 사이다 비가 장식했어.

꼭꼭씹어꿀꺽 마을의 청소과는 꽤나 특이한 일을 하고 있었어. 식사 시간이 끝나면 집이며 도로며 잔디밭에 떨어진 음식을 치워야 했으니까. 남은 음식을 개와 고양이에게 먹이는 일도 했어. 바다에 뿌려 물고기와 거북이, 고래도 먹였지. 그러고도 음식이 남으면 땅에 묻어서 정원을 기름지게 했고.

마을 사람들은 이렇게 매일매일 배부르고 행복하게 살고 있었어. 어느날 갑자기 날씨가 고약하게 변하기 전까지는 말이야.

★ 밑줄 그은 내용이 왜 재미있다고 생각하는지 짝과 이야기를 나누어 보세요.

하늘에서 음식이 내린다면 (쥬디바레트 / 토토북)

읽기 _ [1-2] 7단원 4차시

소리나는 그림 그리기

(   )초등학교 1학년 (   )반 (   )번 (   )입니다.

★ 성은이는 밤에 해가 숲속으로 내려와서 잠자고, 나무는 누워서 잠을 자는 그림을 그렸습니다. 해와 나무가 낮 동안에 아주 피곤했으니 편히 쉬라는 성은이의 예쁜 마음이 느껴지네요.

☆ 여러분은 어떤 재미있는 생각을 하고 있나요? 밤의 모습에 대한 여러분의 재미있는 생각을 성은이처럼 그림으로 그려보세요. (해와 나무는 빼고 그립니다.)

★ 주인공들의 모습이나 소리를 꾸며주는 말을 아래 칸에 적어서 짝이 그림을 누르면 여러분이 소리를 내 보세요. 왜 이 그림을 그렸는지도 짝에게 말해 주세요.

①	②	③
④	⑤	⑥

만화영화 포스터 만들기

(   )초등학교 1학년 (   )반 (   )번 (   )입니다.

★ 만화영화 포스터를 보고 '와~ 이 만화영화 정말 재미있겠다!' 라고 생각했던 적이 있나요?

★ 여러분이 만화영화를 광고하는 사람이 되어 이번에 새로 만들어진 『황소와 새앙쥐』 만화영화를 보러 사람들이 많이 올 수 있도록 꾸며 보세요.

★ 친구들에게 보여주고 이 포스터의 별점을 받아보세요.

이름	별점	한 줄 평가

읽기 _ [1-2] 7단원 5~6차시

말풍선 채우기

- 잠자는 친구들 -

(   )초등학교 1학년 (   )반 (   )번 (   )입니다.

★ 황소아저씨와 아기생쥐들이 잠자리에 들었어요.
  재미있었던 기억을 떠올리며 말풍선을 채워보세요.

★ 내가 채운 말풍선을 친구와 바꾸어 읽어보세요.
  친구의 말풍선 중에 가장 재미있는 것을 무엇인지 이야기해 주세요.

읽기 _ [1-2] 7단원 5~6차시

말풍선 채우기

– 황소아저씨와 새앙쥐의 만남 –

(   )초등학교 1학년 (   )반 (   )번 (   )입니다.

★ 황소아저씨와 아기생쥐들이 잠자리에 들었어요.
재미있었던 기억을 떠올리며 말풍선을 채워보세요.

★ 내가 채운 말풍선을 친구와 바꾸어 읽어보세요.
친구의 말풍선 중에 가장 재미있는 것을 무엇인지 이야기해 주세요.

읽기 _ [1-2] 7단원 5~6차시

노랫말 바꾸기

(   )초등학교 1학년 (   )반 (   )번 (   )입니다.

★ 『황소 아저씨』 이야기의 분위기는 어떤가요? 주인공의 성격과 이야기의 느낌을 떠올려보세요.

★ 「송아지」 노래의 가사를 『황소 아저씨』 이야기로 바꾸어 불러 봅시다.

송	아	지		송	아	지		얼	룩		송	아	지
엄	마			소	도			얼	룩	소			
엄	마					닮	았	네					

★ 친구가 바꾼 가사를 보고 바꾸어 불러 보세요. 가장 마음에 드는 친구의 노래를 정해 모두 같이 불러 봅시다.

쓰기 _ [1-2] 7단원 1차시

쓰기 _ [1-2] 7단원 1차시

우리 가족 그림 그리기

(　　　)초등학교 1학년 (　　)반 (　　)번 (　　　　)입니다.

쓰기 _ [1-2] 7단원 2차시

닮은 꼴 찾기

( )초등학교 1학년 ( )반 ( )번 ( )입니다.

★ 다음 그림을 보고, 두 사물의 닮은 꼴이 무엇인지 알아 맞춰 봅시다.

1.
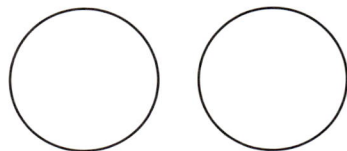

2.

3.

4.
 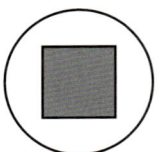

쓰기 _ [1-2] 7단원 3차시

왜 이렇게 됐을까?

(　　　)초등학교 1학년 (　　)반 (　　)번 (　　　　)입니다.

토끼 두 마리가 달에서
절구를 찧고 있습니다.
왜 이렇게 되었을까요?